高职人培方案下
学前儿童音乐教育实施探究

春 红◎著

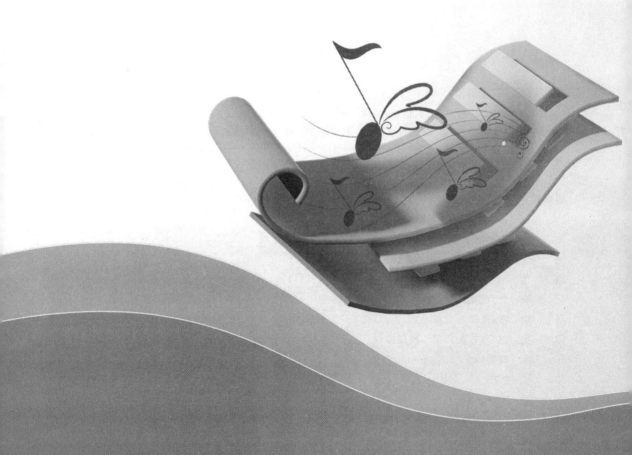

吉林出版集团股份有限公司
全国百佳图书出版单位

图书在版编目（CIP）数据

高职人培方案下学前儿童音乐教育实施探究 / 春红
著. -- 长春：吉林出版集团股份有限公司，2023.5
ISBN 978 7-5731-3405-9

Ⅰ．①高… Ⅱ．①春… Ⅲ．①学前儿童－音乐教育
－教学研究－高等职业教育 Ⅳ．①G613.5

中国国家版本馆CIP数据核字(2023)第094253号

GAOZHI RENPEI FANGAN XIA XUEQIAN ERTONG YINYUE JIAOYU SHISHI TANJIU

高职人培方案下学前儿童音乐教育实施探究

著　　者	春　红	
责任编辑	张婷婷	
装帧设计	朱秋丽	
出　　版	吉林出版集团股份有限公司	
发　　行	吉林出版集团青少年书刊发行有限公司	
地　　址	吉林省长春市福祉大路 5788 号（130118）	
电　　话	0431-81629808	
印　　刷	北京昌联印刷有限公司	
版　　次	2023 年 5 月第 1 版	
印　　次	2023 年 5 月第 1 次印刷	
开　　本	787 mm × 1092 mm　　1/16	
印　　张	9.75	
字　　数	210 千字	
书　　号	ISBN 978-7-5731-3405-9	
定　　价	76.00元	

前　言

　　随着新课改的不断推进，学前教育在不断地发展和创新，作为教育的前沿和基础，研究学前音乐教育具有重要意义。音乐教育作为学前教育的重要一环，在实施美育教育方面相较于其他教育形式有着非常大的优势，音乐不但可以影响儿童的喜怒哀乐，还可以增强儿童的感受力和表现力。所以，教师应设计内涵丰富、趣味性强的教学活动，向儿童展示音乐的独特魅力，使儿童积极、踊跃地参与其中，并在各种类型的活动中充分挖掘儿童的内在潜能，为儿童身心的协调发展奠定基础。学前儿童音乐教育应改变传统的教育模式，立足当下学前音乐教育框架，深入研究学前儿童音乐教育理论和教学方法，促使学前音乐教育真正达到其根本目标。

　　本书共分为八章。第一章概述了学前儿童音乐教育实施的背景，分析了学前专业应用型人才培养出现的问题与建议。第二章阐明了近现代学前儿童音乐教育国内与国外的发展现状。第三章探究了学前儿童音乐教育活动设计与组织。第四章论述了学前儿童音乐教育的实施与评价。第五章分析了学前儿童音乐教育游戏化实施策略，主要内容有歌唱活动、韵律活动、打击乐演奏活动、音乐欣赏活动。第六、七、八章对学前儿童音乐教育体验式学习与幼儿音乐能力培养进行了论述，最后延伸了线上线下混合式、理实一体式与家园共育式三方面学前儿童音乐教育的实施策略。

　　由于时间仓促，加之笔者水平有限，疏漏与不足之处在所难免，敬请读者批评指正。

内蒙古民族幼儿师范高等专科学校　春　红

2023年2月

目　录

第一章　学前儿童音乐教育的实施背景 ······························· 1

　　第一节　学前教育专业应用型人才培养的重要性 ··················· 1

　　第二节　学前教育专业应用型人才培养中存在的问题及原因 ········· 2

　　第三节　学前教育专业应用型人才培养的建议 ····················· 5

第二章　学前儿童音乐教育的发展现状 ······························· 9

　　第一节　近现代国外学前儿童音乐教育 ··························· 9

　　第二节　近现代国内学前儿童音乐教育 ··························· 21

第三章　学前儿童音乐教育的活动设计与组织 ························· 27

　　第一节　学前儿童音乐教育活动设计 ····························· 27

　　第二节　学前儿童音乐教育活动的组织途径 ······················· 32

　　第三节　学前儿童音乐教育活动的组织实施 ······················· 36

第四章　学前儿童音乐教育的实施与评价 ····························· 41

　　第一节　学前儿童音乐教育的理想与目标 ························· 41

　　第二节　学前儿童音乐教育的原则与途径 ························· 45

　　第三节　学前儿童音乐教育活动的评价 ··························· 53

第五章　学前儿童音乐教育游戏化实施策略 ··························· 61

　　第一节　歌唱活动游戏化实施策略 ······························· 61

　　第二节　韵律活动游戏化实施策略 ······························· 76

　　第三节　打击乐演奏活动游戏化实施策略 ························· 92

　　第四节　音乐欣赏活动游戏化实施策略 ··························· 110

第六章　学前儿童音乐教育体验式学习实施策略 ······················· 123

　　第一节　动作体验式学习实施策略 ······························· 123

　　第二节　情感体验式学习实施策略 ································· 125

　　第三节　情境体验式学习实施策略 ································· 126

　　第四节　多感官参与体验式学习实施策略 ··················· 126

第七章　学前儿童音乐教育对幼儿音乐能力培养的实施策略 ············· 129

　　第一节　学前儿童音乐感受能力的培养策略 ··············· 129

　　第二节　学前儿童音乐理解能力的培养策略 ··············· 131

　　第三节　学前儿童音乐表现能力的培养策略 ··············· 133

　　第四节　学前儿童音乐创造能力的培养策略 ··············· 135

第八章　学前儿童音乐教育其他方面的实施策略 ··············· 139

　　第一节　线上线下混合式实施策略 ································· 139

　　第二节　理实一体式实施策略 ····································· 141

　　第三节　家园共育式实施策略 ····································· 142

　　第四节　德育渗透式实施策略 ····································· 145

参考文献 ·· 148

后　记 ·· 150

第一章 学前儿童音乐教育的实施背景

第一节 学前教育专业应用型人才培养的重要性

一、社会发展与教学改革的需要

现阶段在国家各层次的教育中比较重视学龄前阶段的教育状况，国家认为儿童的基础内容掌握情况关系到后续内容的吸收速度。国家针对学前儿童的教育提出许多具有创意的新规划，并在国家各项重大会议中也表明对基础教育程度的重视。虽然目前我国学前儿童教育形势较好，但是其发展持续时间短，仍需要更多政策的支持。随着目前我国教学体制改革的深入开展，各种存在于学前教育中的问题也逐渐呈现出来，对传统的学前教育形成新的挑战，创新学前教育专业应用型人才培养模式，是解决以上这些问题的切实有效的路径。

二、有益于促进幼儿的更好发展

对学前儿童开展艺术层面的教育是我国目前教育发展的新策略，在低年龄段对儿童进行部分内容的预讲，可以稳固好儿童的学习基础。根据我国学前儿童教育情况的调查可知，目前各区域的幼儿园并没有将新型讲解方式应用于一线课堂，还是停留于传统的灌输式课堂。儿童每天需要完成大量的练习题，才能对讲解的基础内容有较好的吸收。但儿童将时间大量消耗在巩固习题方面，缺乏实践动手训练的时间。"学前儿童"这一年龄段正是动手兴趣极高的阶段，其本身性格就倾向于在自身实践操作中发现教师讲授的相关理论。因此，教师如果不能转变内容设计的思路，儿童的身体和心理状态就不能有大幅度提高，其对陌生事物的感知能力也无法养成。教师只有不断提升讲解能力，并根据儿童生理阶段的不同适度增加接触内容的趣味性，才能更好地被儿童喜爱，也才能适应国家新形势下提出的教育理念，同时对职业学前教育来说也有启发作用。

第二节　学前教育专业应用型人才培养中存在的问题及原因

一、学前教育专业人才培养的问题分析

（一）人才培养理念模糊

伴随国家各层次教育新理念的颁布，学龄前教师在课堂中的身份也在发生变化。根据学前儿童相关的教育条例解析学龄前教师的身份定位可以发现，教师逐渐成为儿童感知过程中的辅助者、对专项内容的探究者等。在实际课堂中儿童教师身份的改变也影响着师范类高校培养幼师的方向，培育学龄前教师不能只注重对歌唱、绘画等方面进行要求，还需要培育跟随时代教育节奏变化而随时调整自身讲解方式的教师。新教育背景下的儿童教师需要对干扰儿童接受状态的各方面因素有所把握，根据儿童的心理感知程序设计相关内容的讲解顺序，并根据各主体的评价结果不断完善自身讲授能力。这就要求高职学前教育的人才培养理念必须明晰且长远，只有这样全面深入的教学改革才能行之有效。

（二）课程授课方式传统

在我国现阶段教育课堂中，大部分教师还是采取传统的接受式教学方案，这类教育方案对教师的专业性要求较高。学生主要是听从教师的指导，从而依次进行新内容的理解，但如今的学生身心发展较以前有更多方面的扩展，传统的灌输式教学无法吸引学生的兴趣。学生应对基础内容的态度就是考试开始前进行大量题目的背诵以达到应付考试的目的即可。对于专业技能，学前教育专业主要开设了美术、音乐、舞蹈等课程，据笔者了解，很多教师在音乐技能教学中沿用的还是音乐表演专业的教学方式，以演唱、弹唱、唱跳为主，而对于幼儿教育来说很重要的"音乐活动的创编""音乐游戏的组织"课程或教学项目少之又少，如果教师的讲解内容不能结合时下新颖的例子，就会大幅度减少学生对艺术内容的关注度，同时学生也会陷入缺乏艺术创新想法的怪圈中。因此，教师需要更加关注培养学生的实际艺术解析能力，多带领学生进行各类型乐曲的聆听。

（三）课程考核方式落后

目前，职业培育类学校检验学生感知结果的评价系统还不完善，评价视角集中于通过学习成绩来看待教师的讲授水平。以单一书面检验的方式不能真正体现学生对各方面内容的掌握程度，也会对部分应用能力强的学生造成心理压力。因此，应扩大职业培养类院校的评价视角，关注学生感知过程中的情绪变化。同时对职业培养类学校来说，对基础理论的关注应与对实践操作的重视程度一致，衡量好二者之间的平衡点。在此，笔者以两类课程为例：专业必修课理论课《学前儿童社会教育与活动指导》和专业基础课《声乐课》。

就笔者调查得知，这些课程在最终的课程评价时大多出两部分组成，分别是平时成绩和最终的笔试成绩，平时成绩方面由于扩招的影响，目前很多课程不得已采取大班上课形式，一个学期甚至整个学年结束时，教师还认不全班里的学生，所以这样的平时成绩合理性是值得怀疑的。然而理论笔试考试长期以来都是被诟病的考核方式，如声乐课在期末考核过程中往往沿用的是类似于音乐表演专业的表演唱或弹唱的形式，据笔者了解，在幼儿园音乐教育活动中，"音乐活动设计"这种具有幼儿特色的考核方式很少出现，忽略了幼儿音乐教育的专业特点和专业特色。经过以上两种考核方式，透露给学生的信息便是"理论课背背背，技能课唱唱唱"。这类不完善的考试制度直接干扰学生对新内容的接受兴趣，因此将评价视角扩大是目前教育领域必须引起注意的部分。

二、学前教育专业人才培养的原因分析

（一）政府层面

关于职业培养领域我国相关法律涵盖的范围还不全面，对于从中级至高级职业教育的接续也没有政策理念的规划。

一方面，现有的职业培养类教育法规已经不符合如今的教育形势。目前，我国最新的职业培养条例还停留在 20 世纪 90 年代的状态，那一时期建立的职业规范标准为当时的职业培养提供了新的改进方向和衡量角度。但是将 20 世纪 90 年代的条例应用于现阶段课堂的教育还有一定的缺陷，其中关于学生的职业水平等级认证并没有和学历相挂钩，学校培育出相关方面的人才也没有经济层面的鼓励，对职业院校的教师缺乏奖励政策等。因此，需要将相关职业教育条例结合学生精神状态发展的现状进行改进。

另一方面，针对 20 世纪 90 年代职业教育文件缺乏中级到高级职业学校接续方案的问题，政府在最近颁布的两部教育发展条例中进行了补充说明。其中指出中级和高级职业培养学校总体设置的前进目标应是一致的，并且不能像以往一样过于关注理论内容的讲解而忽视学生操作应用能力的养成，同时还需要设置好两级职业教育的教材框架，避免出现在两个阶段接触重复内容的现象。此外，还可以将职业学校筛选学生的基础标准在中级学校阶段时就设计好，但这类内容在条例中只有初步应用的想法，并没有在各职业学校内部推进。目前，社会方面各公司提出要将中级职业学校的培育骨架延续到高层次教育中，相关教育学者也提出可以在考试内容方向和课程框架设置方面做好二者的连接。

从职业培养院校管理角度来看，国家是职业院校大方向上的管理者。但这一管理者却没有对两个层次的中间部分做出边界性的规范，同时也没有将高级职业院校与匹配的企业进行对接。学生从中级院校步入高级职业培养学校后，原来形成的接受习惯和状态又要重新适应，因此如果政府规范好中高职业院校之间的接续工作，就可以大幅度减少学生中间适应调整的时间。

（二）行业层面

如果想使中高级职业院校之间学生的状态持续稳定就需要做好中介性连接，找到二者共同认可的教育理念作为共通之处，协调好二者在教育内容方面的争议点。同时，国家还可以从其他行业的前进历程中借鉴其发展框架，将有助于职业教育平稳运行的部分插入其中。如国家可以从社会各行业、各公司入手，因为各层次职业院校的最终目标都是向企业输送对口人才。

国家教育部门关注到可以企业为抓手改进职业教育领域后，在其发布的相关改革条例指出各级职业教育要以企业就业岗位缺口为重点培育方向。推荐各行业根据自身实际需求开办相关内容的职业教育学校，这样就可以根据各行业事先统计的人才缺口，有针对性地与中高级职业教育学校进行衔接。这时各行业就相当于国家教育管理层面对职业培养学校的前进方向做指导。由于现阶段各行业和相关公司没有更多的精力放在统计人才缺口部分，因此其目前状态还没有达到国家对各领域的具体要求，从而使职业培养院校缺乏相关的数据资料，在学生培养方向方面就没有确切依据，讲授的内容可能对未来的职业操作并没有实际效用。

（三）学校层面

1. 校企合作机制不完善

对于培养院校和相关接收企业来说，它们都希望在人才输送过程中得到更多的经济效益，因此双方缺乏关于专业内容的深层次沟通，使许多职业培养类院校都将企业校招视为扩大就业面的手段，并不考虑其本身的实际缺口需求，只依据自身衡量的需要招收各专业的学生。

2. "双师型"教师培养机制不健全

双师型教师是具有扎实的专业理论基础和较高的操作能力水平的教师，在课堂上能够胜任理论和实践一体化教学，解决实际问题。

我国许多高等级职业培养院校都是在中级的基础上依靠扩招进行等级提升的，其教师讲解能力和教学设备还停留于中级阶段。此外，还有在以前对职业教师举办讲座培养时多关注教师的学历等级和基础知识的掌握程度，并没有对职业教师的操作层面进行检验，因此使各等级职业院校都缺乏全面应用型教师。这就致使职业教育课堂的现状变成操作应用课，教师无法讲解相关理论内容，负责基础知识讲解的教师缺乏应用经验，都不符合现阶段各主体对职业教育提出的新需求。根据教师具体讲解能力的不足，可以明确其培养的学生也会存在这类问题，使学生无法适应各行业对人才提出的标准。

目前，各类职业培养院校缺乏对教师专业能力进行系统培养的体系，学校管理视角仍然放在如何规范学生日常行为方面。因此，国家未来在职业教育领域管理的主要方向应该集中于筛选教师讲授能力层面，要关注到教师水平状况对学生接受程度的影响。

　　另外，对职业教师进行各方面水平的培养需要在高职院校内部进行，但这类院校的教育经费全部用于升级教学设备和改善教室环境方面，剩余的部分不足以支撑职业教师去相关企业内部进行操作方面的考察和学习。

　　3. 缺乏对学生职业生涯规划和就业指导的长效机制

　　根据社会上对高职类院校开设课程的统计数据来看，许多院校都会在学生刚入学的学年开设相关的就业课程。大部分学生在感知体验过程中都会对幼儿教育专业有较大的兴趣，但学生在后续学期中多数会沉溺于自由散漫的学校生活，缺乏专人监管和安排课余时间。究其根源还是学校一开始对学生叙述的职业规划并不具体，对不同学生来说完成的时效也有差异，高职学校并未结合学生原有的基础水平对其进行说明。许多学校只是将就业课程作为辅助学生接受大学生活状态的工具，并未将其与学生未来的就业方向相联系，在学生实际求职的过程中，就业课程也并未对学生有实质性的帮助。另外，职业阶段学习初期为学生开设的就业课程内容集中于对各类职业进行了解，并未向学生说明从事某职业需要进行怎样的准备。

第三节　学前教育专业应用型人才培养的建议

一、明确学前教育专业的培养目标

　　职业类培养院校的特征是对学生实际操作和知识掌握范围方面的要求较高。在国家最新教育理念的应用下，职业类院校目前最主要的前进方向是培育幼儿教育类师范生。对幼儿教育类学生来说要对社会各学科的相关知识都有所了解，对教育类相关知识要熟练应用；对艺术方面的相关学科都有较为精深的掌握，可以对学前儿童进行舞蹈和音乐方面的教育指导，同时还应该对学前儿童的心理情绪状态有一定的了解、研究便于对其进行管理；并且幼儿教育类学生自身应该有良好的学习习惯，在从事幼儿园教育工作后也能跟随幼儿园理念变化进行新教学技巧的学习。对于幼儿教育类学生的培养规划有三方面：一是要对其思想政治层面进行正确的熏陶；对自身从事的学前教育职业有较高的热情，能够将自己奉献于教育岗位；对学前儿童日常行为的教育保持耐心的态度。二是在职业学院学习期间对学前儿童的各方面数据和心理状态进行全面把握，同时还要了解其他国家先进的学前教育理念；既可以投身于前线的教学课堂，也可以对相关幼儿教育领域进行专项的研讨；对幼儿在平时容易出现的突发性问题有紧急处理应对的能力。三是要熟悉各类幼儿园日常的运行规则，对于手工类活动有丰富的实践操作经验，可以独立组织各类幼儿操作活动。

二、培养学前教育专业学生的专业情意

对学前教育专业的学生进行专业情意方面的培养包含在师德教育之中。国家在为师范类学生制订培养计划时着重强调对这类学生进行道德层面的建设，专业情意方面的培养是道德层面培育最重要的部分，也是需要职业教育学校着重关注的内容。一位教育领域学者指出，要建立幼儿教师的专业情意就是要调动幼儿教育类学生对自身从事职业的热爱。如果一位教师具有完整的专业情意，那其在自身教育领域也会具有较高的地位。因此，建立教师的专业情意和培养教师相关学科内容同等重要，也是教师向更深层次发展的突破口。目前，学龄前阶段的教师人数和从业状态不稳定，在职教师缺乏向更高层次前进的推动力，这和学龄前阶段教师缺乏专业情意也有一定的关系，并且学龄前儿童的教育工作包含面广且复杂，需要身处其中的教师有极高的热情才能维系起整个教学活动。幼儿教师只有充分了解学生的想法才能有与其沟通的思路。因此，高职类院校在培养学前教育专业的学生时应将专业情谊的建立作为培养的重要部分，也就是幼儿教师在实际工作过程中不能由于自身倦怠而放弃最初的教育理想，要有始终探索不同领域内容的信心和热情。

三、改进学前教育专业的实习培养模式

在国家对职业培养类院校进行总体方面的要求后，职业类院校在实际培养过程中更注重将相关理论内容与应用操作相结合。学生学习职业院校安排的一系列课程后，其理论知识方面会受到各行业的认可，这样在之后两年的学习生活中职业培养类院校就会将学生安排在各类幼儿园进行教育实习。此外，还有部分职业学校用教育拨款在学校内部建立教育演练操作场所，给每个专业的学生应用的空间。一般来说，各职业院校都会和同一区域内的幼儿园有长久的交流合作联系，既能为幼儿园补充新鲜的师资力量，也使久处学校之中的学前教育类学生有实践教育的机会。同时，职业院校学生在校期间进入幼儿园可以对未来教育场所进行熟悉了解，将课堂所掌握的理论教育内容应用于真正的课堂。总之就是让学生不将目光局限于职业学校内部的教育课堂，这样也是为学生积累教育应用讲授的经验，使学前教育类学生在丰富的教育实践活动中对自身职业有更深的把握。

各职业培养类院校还为学前教育类学生安排乡村和城镇周边地区的教育讲授工作，职业类院校对学生这类教学应用方式的管理主要是从以下三个方面着手：一是要使学生顶岗实习工作更贴合未来的教育工作内容，这样学生在实际讲授过程中积累的经验就能应用于下一阶段的幼儿教育内容的讲解。同时，尽量让学生在不同地区的幼儿班级中从事班主任看管的工作，使学前教育类学生可以接触更多类型的儿童，丰富其处理突发问题的经验。二是实习幼儿园需要提供一位专业且有丰富经验的幼儿教师对学生在幼儿园期间的工作内容进行指导检验，帮助学生建立精神层面的教育热情。三是将学生在幼儿园的实际工作划

分为各个细小部分，结合幼儿园本身的教育标准，以"周"为单位设计对学生的工作内容进行总体的规定。从熟悉幼儿园本身的工作流程和职责范围到能够控制好本班学生的日常行为状态，都需要学生做好相关方面的记录，便于日后职业类院校进行实习应用方面的经验总结。

四、建设高素质的学前教育专业的教师团队

如果想使职业培养类院校相关专业的学生未来都能适应各行业的需求，就需要对职业类院校内部各专业的讲解教师进行能力和知识方面的双重要求。在职业类院校中选择讲解教师时，不仅要关注其学历水平，还需要检验其实际应用能力。最新聘请的教师和现有讲解教师需要达到的标准都是既可以进行相关学科的操作指引，又可以对学生讲述成体系的学科内容。这样等级的教师培育出来的学前教育专业类学生才能够适应新形势下幼儿教育发展的要求，使学生有更高的热情和更专业的能力从事教育工作。同时，如果职业类院校中的讲解教师本身对一线幼儿园的实际运营过程有所了解，更有利于学前教育类学生融入未来的工作环境。另外，各职业院校还可以在校外聘请幼儿教育经验丰富的一线教师去学校内部进行实践课的讲解，改善院校内部原有的教师队伍结构。因为在幼儿园进行较长时间工作的教师对其内部和整个行业有更深的体会，每位教师都会有自己总结的应用技巧可以帮助学生减轻部分教育讲解压力。

五、优化学前教育专业的考核评价模式

职业培养类院校应建立各学科学生相对应的成绩评价体系，国家需要针对职业类院校教师的教学过程和课程设置方面进行检验。从职业类院校各学科各年级开办的课程来看，不同课程应该有更灵活的检验方式，不仅要通过书面书写的方式来检验理论知识内容，还可以考查学生的应用操作能力。学校将对学生两方面的检验按一定比例计算为最后的结业成绩，较传统的笔试检验方式来说更为公平和全面。对学生书面方面的检验主要从教材中挑选相关的知识点，教师可以将每本教材中的重点知识题目编写成题目库，每次考试只需从中抽取相应题目编成试题即可。对学生应用操作方面的检验可以包含以下两部分，一部分是学生平时在课堂上的实践操作数据记录，另一部分是对学生期末的实践操作考查。综上所述，对学生进行不同方面的能力检测相较传统单一的检测模式来说，教师和学生都可以通过检测结果提升自身能力。同时，多方面的检测制度可以有效避免学生在期末周进行冲刺性的复习，从而提高养成其良好学习习惯的机会，也能更加真实地反映职业院校学生对相关内容掌握的情况。对于职业类学生相关专业技能课的评价来说，也可以从不同方面考查其技能学习情况。职业类院校可以在各专业内部建立统一的专业能力等级标准，每位教师根据时间脉络的发展结合各层级标准为学生讲解知识。同时在学生进行下一等级的考

核时，相同专业的教师应全部到场作为监考者，既保证给予学生准确的成绩，又可以使学校建立的规范及时执行。另外，每学期在学校规定之外开展艺术类比拼活动，优胜者可对其进行额外成绩的奖励，也可以激励学生精进自身专业内容。

第二章 学前儿童音乐教育的发展现状

第一节 近现代国外学前儿童音乐教育

近现代国外对儿童教育的问题尤为重视，针对"音乐"这门学科来说，早已形成比较完善的知识架构。由于国外对这方面的研究实验较多、发展时间较早，因此对我国在这方面的发展会起到很重要的借鉴作用。我国的儿童音乐教育问题可以吸收国外优秀的地方，并结合我国儿童的具体情况，发展适合我国儿童长远发展的学前音乐教育。

一、达尔克罗兹音乐教育体系

埃米尔·雅克·达尔克罗兹，瑞士教育家。1900 年前后，他担任日内瓦音乐学院教授期间提出了体态律动（Euryththmics）学说，并在这一学说的基础上建立了自己的音乐教育体系。

达尔克罗兹音乐教育体系的理论核心主要可以归纳为培养儿童音乐技能的最终目标是使其审美得到有效发展，通过学习音乐、欣赏音乐来达到审美提升的效果。学习音乐不只是练习怎样开口唱歌或者单纯的弹奏乐器，还需要掌握音乐思维来思考问题和身体各方面的协调。因此，想让儿童掌握音乐奥妙，就需要让儿童各个器官和身体部位都得到全面锻炼，让儿童可以通过音乐来获得愉悦的身心发展。

达尔克罗兹的体态律动是基于以下三个方面的课程内容展开分析：合乐动作、即兴表演、视唱练耳。尽管在实际教学中，这三个方面的内容往往总是交织在一起的——听音乐并创造性地即兴用身体动作来表现对所听音乐的感受，但由于这三种课程各自拥有独立的教学目标、教学内容、教学方法和教材，因此仍将它们看作三种独立的课程内容。

在达尔克罗兹音乐教育体系中，既有个性而又最有成效的部分是"合乐动作"。对此，达尔克罗兹建立了一整套的理论和实践系统，因此许多文献又将这部分称为"体态律动学"。这一定义强调的重点是儿童需要通过身体和思维共同作用来学习音乐知识。儿童在刚接触到音乐时，首先需要做的是锻炼听觉，先对音乐要传递的信息进行接收；其次，全身心地投入其中，感受音乐带来身体上的放松和心灵上的洗礼，感受音乐中蕴藏的情感表达；最后，身体和思维一同运作，在感受音乐要传递情感的同时，也要对音乐中的表达有自己的理解。只有这样才可以通过体态上的变化，感受音乐带给我们的律动。

在现代的儿童音乐教学中，学者和专家开始重视身体运动和音乐训练相结合。如果想让儿童对音乐的灵敏度得到提升，就需要训练身体的各个器官和部位，让身体的各方面都得到训练。通过对身体的训练可以在学习音乐时表现出更加灵敏的反应。这种方法相较于传统的教学更具有科学性，能够让儿童对音乐的吸收效果更好。

对身体进行训练要达到的目的是让整个身体都可以处于舒适享受的状态中。通过训练让儿童控制自己的情绪，减少外部因素的影响，更好地去感受音乐的内在价值；让儿童将身体和思维达到协调发展的目的；可以在掌握基础的身体活动方式之后，形成独自创作的能力。

教师在对儿童的身体进行锻炼时，需要明确教学目标是让儿童通过身体训练，最终达到身体与思维协调发展的目的。通过对儿童的行为动作和反应能力进行专业系统的训练，让儿童即兴创作的能力可以从小就形成雏形，为发展音乐打下良好的基础。

达尔克罗兹的教学体系主要培养儿童对于"独立创造和即兴表演"这方面的能力，因此在课程设计上也主要是围绕着训练儿童的身体反应和思维反应的灵敏度来进行的。因此，执行这种课程的教师也必须具备相应的快速即兴反应能力，包括应具有准确的听辨能力和熟练的视奏能力、梳理各类歌曲种类的特征、具备即兴表演和独立创造的能力。

让儿童通过倾听配乐的紧张度变化和随音乐用不同的自由想象动作来感受和表现这种变化，如拉紧的绳子和放松的绳子，或者冻硬的冰棒和融化的冰棒等。达尔克罗兹为学前儿童的音乐教育开辟了一条新的道路，他首次提出身体训练的观念并将其实践到具体的教学应用中。这一理论的提出不仅促进了现代时期音乐教育心理上的发展，也使我国儿童音乐教育在实践教学上得到了前所未有的进步。身体训练的方法在后来的教学方式中普及开来，各个学校的教师都把这种方式作为自己主要的教学方向。

二、柯达伊音乐教育体系

佐尔丹·柯达伊（1882—1967年），匈牙利作曲家、音乐教育家。柯达伊的音乐教育体系创建于20世纪初期，这一体系目前在匈牙利规定的音乐教育系统中普遍采用，在世界范围内也获得了广泛承认。柯达伊在其音乐教育体系的建设中逐渐形成了以下主要特色：以歌唱活动为主要教学内容，以优秀音乐特别是匈牙利民族的优秀音乐为主要教材，以"儿童自然发展法"作为课程进度安排的主要依据，强调乐谱读写能力的培养并为此建立了独特的教学方法体系。

歌唱教学是柯达伊体系的主要教学内容。柯达伊认为，歌唱教学的展开可以不受儿童发展水平和客观物质条件的限制。经过多年的努力探索，柯达伊体系中的歌唱教学已发展得相当完善。该体系不仅积累了成套的教材和教学方法，能保证从幼儿时期就开始实施多声部合唱的启蒙训练，还能保证使这种训练富有成效地达到音色柔和优美、声部间平衡和谐、歌声富于乐感等较高的发展水平。其中，合唱训练时不采用钢琴伴奏，是柯达伊体系使多声部歌唱的和声效果达到更加纯净和谐的重要原则和方法之一。

优秀的民族音乐，特别是匈牙利本民族的优秀音乐是柯达伊体系中教材的主要来源。柯达伊认为，民族文化是民族精神最完美的表现，教育的目标就是使它们尽快地为全民所占有。所以，儿童的音乐教材必须是真正的民间音乐、童谣和优秀作曲家根据民族音调创作的作品。

"儿童自然发展法"是柯达伊经过大量实践和实验研究后提出的。柯达伊认为，传统的主题逻辑课程把节奏教学的进度表安排成全音符、二分音符、四分音符、八分音符……这样的顺序是不合理的，把旋律教学的进度表安排成从自然大小调音阶开始也是不合理的。因为，对于一个还没有学会如何去感知基本节奏的初学儿童来说，"自然走路"——四分音符、"自然跑步"——八分音符是儿童日常生活中的节奏，童谣和常见的歌唱游戏也大部分是由这两种音符、节奏构成的，所以应该把这两种音符作为节奏教学的起点。同时，就儿童的旋律感知来说，幼儿最早发出的调子是小三度。假设这个小三度是由唱名"sol-mi"组成的，那么儿童依次能自然唱出的就应该是"la-do-re"，然后是低音的"la""sol"和高音的"do"。所以，较为合理的安排应是按以上顺序先帮助儿童掌握五声音阶，然后再教"fa""si"以补足整个七声大小音阶。

注意：这是柯达伊本人根据其本民族音乐旋律特点推导出的理论，可能不完全适合所有儿童的情况。

在乐谱读写教学方面，柯达伊吸收借鉴了前人创造的许多行之有效的教学工具，它们是"首调视唱法体系""节奏—时值音节读法"和"柯尔文音高手势"。

首调视唱法就是英国人桂多·达赖佐在11世纪首创的流动do视唱法，即在视唱时，一个特定的音阶无论移到哪一个调中，各级音阶的唱名都不发生变化。

节奏—时值音节读法包含一种特定的记谱法和读谱法。这种方法是法国人艾米利-约瑟夫·契夫（Emily Joseph Cheve）在19世纪发明的，即在记谱时只记符干，在读谱时使用特定的音节来代表特定的时值和时值组合。

柯尔文音高手势是1870年由英国基督教公理会教长约翰·柯尔文（John Curwen）首创的，使用这种手势的目的是在空间中把音与音的高低关系直观形象地表现出来，通过视觉感受帮助儿童加深对音程空间感、唱名音高关系和调式音级倾向性的理解。

在民族音乐的学习与传承过程中，柯达伊所创造的贡献是有目共睹的。他将匈牙利的民族音乐进行弘扬与发展，让世界各国的人们都了解到匈牙利的文化及其音乐。因而根据对柯达伊体系的学习和研究，诞生许多在音乐方面很有造诣的音乐家和音乐爱好者。

三、奥尔夫音乐教育体系

卡尔·奥尔夫（Carl Orff，1895—1982），德国作曲家、音乐教育家，1914 年毕业于慕尼黑音乐学院。第一次世界大战期间他曾在军队服役，战后一直作为专业作曲家在地方歌剧院任职并继续深造。1924 年，他和友人军特一起创办了"体操—音乐—舞蹈"学校，以成人为教育对象开始了他作为音乐教育家的生涯。1930—1935 年，奥尔夫完成了 5 卷《学校音乐教材》的写作，并开始对儿童音乐教育产生兴趣。

1948 年，由儿童在一组奥尔夫乐器上演奏的初级音乐被制成系列广播，引起了大批儿童和音乐教育工作者的兴趣。1949 年，奥尔夫和友人开设了第 49 工作室，专门从事设计、改进和制造奥尔夫乐器。1950—1954 年，他的 5 卷《学校音乐教材》正式出版。1961 年，奥地利萨尔茨堡莫扎特音乐学院建立了奥尔夫研究所，随后又在研究所的基础上成立了奥尔夫学院。从此，奥尔夫的音乐教育思想和技术迅速地在全德乃至全世界传播开来，成为公认的对世界近现代音乐教育改革产生深远影响的重要体系之一。

19 世纪末 20 世纪初期，欧洲艺术创作领域出现了一股强大的突破传统文化禁锢的回归自然的思潮。同时，由于民族主义音乐思潮的兴起和古典主义、浪漫主义音乐的极度发展，当时的许多音乐家不得不转向民族音乐和原始音乐，以寻找新的出路。正是基于这种背景，奥尔夫发展起了一种独特的音乐创作风格，他把这种新音乐称为 Elementar 音乐。Elementar 音乐的基本原则在奥尔夫转向关注儿童音乐教育以后，逐渐发展成为奥尔夫音乐教育体系的基本核心。"Elementar"一词在德文中同时具有原始的、原本的、基础的、初级的、元素性的、自然的、富有生命力的等多种含义，而在奥尔夫音乐教育体系的课程设置、教学组织形式、教学方法、教材和教学工具等诸方面所体现出来的一切重要特征都可以从这一词汇的各种含义中找到其根源。

奥尔夫体系的课程内容主要包括嗓音造型、动作造型和声音造型三个方面。嗓音造型又可再分为歌唱活动和节奏朗诵活动。节奏朗诵活动的内容除了童谣、游戏儿歌、儿童诗以外，还可以是词组、词或无意义的音节。

动作造型又可再分为律动、舞蹈、戏剧表演、指挥和声势活动。声势活动是一种用简单而原始的身体动作发出各种有节奏声音的活动。其中，最基本的四种动作是跺脚、拍腿、拍手和捻指。奥尔夫体系也把这种活动称为演奏身体乐器的活动。

声音造型即指乐器演奏活动，所用的乐器有奥尔夫乐器，也有其他乐器，甚至可能运用各种能发出声音的普通物体。在以上全部课程内容中，节奏是学习最基本、最重要的内容。奥尔夫认为，这种集诗、舞、乐、戏剧为一体的综合性课程内容不仅符合人类生活的原始性、原本性，同时也符合儿童学习音乐的自然天性。

奥尔夫体系的教学组织形式需要从以下两个角度来描述：首先是集体教学，其次是综合教学。集体教学的主要目的是为儿童创造交流、分享、合作的机会，创作、表演、欣赏三位一体，歌、舞、乐三位一体的综合教学是为了给儿童创造获得全面、丰富、综合的审美体验机会。以上这些特点对于个体发展处在原始状态的儿童来说，不仅是十分适宜的，也是十分必要的。

奥尔夫体系的教学方法主要是"引导创作法"，因为在不断创新中获得新的生命力也是奥尔夫体系的核心观念之一。引导创作法是指教师在教学中，仅仅向儿童提供最基本的材料，如最基本的节奏、最基本的音调、最基本的动作方法、最基本的组织结构的方法等。儿童主要通过在范例和教师启发引导下的集体创作过程来学习音乐。尽管奥尔夫体系并不绝对排斥模仿学习的方法，也承认通过模仿学习来继承优秀文化遗产是十分必要的，但模仿学习在奥尔夫体系中仅被看作一切完整的音乐教育体系所必须具备的部分，而不是奥尔夫体系的独创或特点。

奥尔夫体系教材的代表是奥尔夫本人创作的 5 卷《学校音乐教材》，它的内容主要来自德国的儿童游戏、童谣和民歌。因为奥尔夫认为只有来自儿童生活的教材，才是最符合儿童天性的、最自然的、最富有生命力的东西。该教材的编排顺序除了在节奏上是由简单的基本节奏开始，然后逐步复杂化以外，在旋律上也是从两个音开始，然后逐步完善五声音阶，最后才是大、小调音阶。但奥尔夫认为，从五声音阶开始入手的主要目的是避免使儿童在未来的发展中受到七声音阶概念的局限。另外，奥尔夫还专门指出，他提供教材的目的仅仅是提供一种"教育应该顺应儿童本性"的思想。所以，不同国家、地区，不同学校、班级的教师应按照这种思想去为他们所教的特定儿童群体选择更适合的教材，而不是照搬奥尔夫的教材。

奥尔夫体系的独特教学工具是奥尔夫乐器，但在奥尔夫式的课堂中并非仅仅使用奥尔夫乐器。奥尔夫乐器从理论上讲是指一切具有原始乐器特征的，可用简单的大肌肉动作来演奏的，易于为初学儿童所掌握的乐器，其中包括被儿童在音乐活动中当作乐器来演奏的普通物体。而在一般情况下，"奥尔夫乐器"则是特指由奥尔夫机构认可的工作室或工厂研制出来的乐器。这些奥尔夫乐器的品种可分为两类，一类是无固定音高的打击乐器，另一类是有固定音高的音条乐器。

奥尔夫的贡献在于他创造了一种理论和实践体系，使儿童能够从最自然的方式进入音乐世界的一切领域，并从中获得最完整、最全面的音乐体验。他创造的体系可使儿童有机会获得更多的关于交流、分享和共同创造的愉快体验。同时，奥尔夫和他的继承者还在音乐教育的领域内比较系统地探讨了近代教育所共同关心的有关儿童的个性、社会性、创造性发展的实际问题，为音乐教育的未来发展开创了具有重要意义的新思路。

四、铃木音乐教育体系

铃木镇一（1898—1998），日本小提琴家、音乐教育家。铃木出生于一个乐器制造商的家庭，其父热衷并擅长小提琴研制工作，曾获有关专利 21 项。由于家庭环境的影响，铃木从小就开始学习小提琴。他于 17 岁毕业于名古屋市高等学校后，又继续从师学习音乐，并在 1920 年赴德国学习小提琴。1928 年他归国后开始在日本的音乐学校任教。1946 年他通过教儿童演奏小提琴的实践开始了其"天才教育体系"的探索，到 20 世纪 50 年代已取得显著成绩。截至 20 世纪 60 年代中期，在日本接受其才能教育的儿童已超过 20 万。由于这种体系能使许多儿童在较小年龄或较短时间内获得小提琴演奏技能方面的可观进步，因此很快获得了世界音乐教育界的广泛关注，成为近现代儿童音乐教育领域的又一重要体系。

铃木认为音乐才能不是先天形成的，而是由后天努力所积累得到的。所以，想让儿童的音乐能力得到较好的发展，为其提供一个有利的教学环境是第一个必要前提；儿童自身的勤奋刻苦、个人的艰苦努力是以个人对所从事的事业的兴趣、热情为支撑点的，这是第二个必要前提；因此，积极情感的不断激发是才能发展的第三个必要前提；敏锐的听力和直觉反应力的获得是以大量高质量的倾听经验为基础的，所以倾听习惯和倾听技能的培养是音乐才能发展的第四个必要前提。将主观与客观条件相结合，最后形成一个良好的音乐素养。

在铃木音乐教育体系中，优良的教育环境体现为给儿童听由最好的作曲家创作的、最好的演奏家演奏的作品，让最好的教师来教育儿童。铃木认为，儿童可以像学会本国语言那样自然地学会音乐。只要能为儿童创造出一种像祖国语言环境一样的优良音乐环境，让儿童每日沉浸于其中，任何儿童都可以轻易地掌握最优秀的人类音乐文化遗产。

要求儿童坚持不懈、大量地进行练习，是铃木音乐教育体系的重要特征之一。他主张儿童在进行音乐学习时，一定要投入大量的时间和精力，对基础的理论知识进行反复的阅读与练习。在这一过程中，不仅可以使儿童对音乐知识掌握得更加牢固，而且可以磨炼儿童坚韧不屈的意志。

但是这种方式的教育会导致儿童对于学习音乐产生厌烦心理，如果想激起儿童对音乐的兴趣，那么就需要有父母的参与，以及在团体中寻找到自己的价值。

母亲在铃木音乐教育体系的教学活动中扮演着十分重要的角色，所以就需要母亲在儿童学习音乐的整个过程中进行陪同，并且和儿童学习一样的内容。由于母亲的生活阅历较为丰富，所以在学习相同内容时，可以较儿童掌握得更快，为儿童树立良好的榜样。在儿童的眼里，母亲是高大伟岸的形象，因此当儿童遇到问题时可以及时地寻求母亲的帮助，并且母亲也可以在儿童遇到挫折时对其进行鼓励，激励他们更好地进行学习。因此可以说，争取家长（特别是母亲）全力以赴的合作是铃木音乐教育体系在儿童早期技术才能教育方面获得成功的重要因素之一。

集体教学也是铃木音乐教育体系中用来进行情感激励的重要途径之一。尽管在全世界的器乐技术教育中普遍采用个别授课的方法，并认为个别授课更有益于有针对性地解决每个儿童的具体问题，但铃木却认为在集体的学习环境中，儿童之间可以获得更接近于自身水平的技术榜样和态度榜样的激励。

因此，铃木在教学研究中明确指出需要教师每周组织一次或者两次的集体学习，让儿童可以与同年龄段的伙伴一起进行合作学习，使他们的音乐能力得到互补，并且在相互鼓励与协作中得到提升。

虽然母亲的帮助以及集体的学习可以极大地鼓励儿童对于音乐的学习热情，但如果想让儿童从根本上具备学习音乐的能力，那么就需要他们主动地学习音乐。这是一件非常漫长且艰巨的任务，需要家长花费长时间的精力来陪同儿童一起养成良好的习惯，并且需要儿童具有持之以恒的精神。主观与客观条件相结合，才可能使儿童具备自主学习的能力。

倾听习惯和技能的发展是所有音乐教育的一致目标，铃木音乐教育体系对这方面有着特殊的要求。铃木认为，儿童学习音乐首先应该学习听完整的优秀音乐，而且需要学到能听出这些好的音乐中的一切细微变化及其独特情趣，并对音乐极其细微之变化熟悉到能够做出直觉反应的程度。为了达到这一目标，铃木音乐教育体系对教学中的听觉训练提出了以下具体要求：

第一，学习音乐必须从倾听完整的优秀音乐开始，而不是从辨认音符和分析乐谱开始。因此，在铃木音乐教育体系中，教学总是先通过反复倾听，在充分熟悉将要学习演奏的作品的完整音响形象之后再开始进行模仿练习。铃木甚至提出，儿童每天都应有时间来反复倾听正在学习的乐曲。而且，铃木还肯定地认为只有多听才能进步得快，听得不够的儿童将缺乏乐感。

第二，在儿童最初学习时，不应进行识谱和视奏教学，以免分散儿童的精力，加重儿童的负担。即使在儿童已形成初步的识谱能力以后，上课时仍然要求背奏。

第三，儿童必须学会通过听来记住优秀音乐作品的优秀演奏音响，并在此基础上学会凭直觉来判断他们所听到的音乐音响的优劣。

第四，儿童必须学会通过听去发现并纠正自己演奏中的错误，并不断追求更好的演奏效果。

铃木音乐教育体系的教材编制原则和教学进度控制原则也是独具特色的。在教材建设方面，铃木讲究通过富有艺术感染力的优秀小品和大型作品的片段来发展初学儿童的音乐概念和技能，而不像大多数教材那样，主要是通过为训练专门技能而创作的练习曲。在教学进度控制方面，铃木要求每次只进一步，待前一步完全掌握才能进行后一步，宁愿进度慢一些，也要防止产生不良的习惯反应。另外，铃木还要求儿童在学习新作品的同时，要经常复习过去演奏得较好和较有兴趣的作品，以使儿童获得有效的音乐积累，随时看到自己的进步，并且有机会在自我欣赏中获得自信、自尊和继续学习的热情。

铃木的首要贡献在于，他力图以自己的实践证明以下推论：首先，每一个儿童，无论其先天情况如何，只要他/她能获得良好的教育环境就可以成长为有才能的人；其次，他为音乐教育提供了一种独特的技能训练模式，即反复倾听最好的音乐音响，并对优秀的音乐典范做大量严格的模仿练习，以形成对优秀音响的整体直觉反应能力；最后，他的体系启示普通学校的音乐教育工作者，教育者的良好技术和态度榜样、真挚的爱心和持之以恒的严格要求和督促都能使儿童成为有坚韧意志，能遵守纪律的、懂得美的和具备高尚道德、高度才能的社会成员。

五、曼哈顿维尔音乐课程计划

曼哈顿维尔音乐课程计划（Manhattanville Music Curriculum Project）是 20 世纪 60 年代中期由美国国家教育总署提供资助的音乐教育研究项目。这个项目是由纽约的曼哈顿维尔学院主要发起和组织的，其目的是建设一个从小学到中学循序渐进的音乐课程和相关教材体系。

该项研究的哲学前提是真正的教育并不是关于事物的学习，而是在事物中体验。如果音乐本身包括表达、交流、创造和意义，那么音乐教育过程就意味着让儿童到音乐活动中去体会表达、交流和创造经验，去探索、发现音乐的意义所在。该项研究的教育心理学前提是每个学科都有着自己的基本结构，教育的机制就是帮助儿童去发现学科中存在的这种基本结构。如果把对学科的认识过程看作一个螺旋上升的环状序列，每个环中的学科结构都是不变的。儿童从最基础的环开始，越向上就越能深入全面地把握这一学科的结构。

该项研究的主要成果包括提供给幼儿园至小学二年级教师和小学三年级至中学教师的课程指南，以儿童能够理解的术语编排的基本音乐概念系列、课程的指导思想和教师培训计划。

"相互作用课程指南"是为幼儿园至小学二年级儿童编写的，它主要集中于认识音乐声音的活动。该课程指南把教学设计成含有五个发展阶段的音乐探索过程：自由探索、有指导的探索、探索性即兴表演、有计划的即兴表演和强化。该课程的目标是：

技能方面的目标如下：

（1）探索各种不同的声源，发现各种不同的声音。

（2）在提供的声源中，探索制造声音的不同方式。

认知方面的目标如下：

（1）分辨环境中的声音，分辨儿童或其他人有意发出的声音，形成对各种不同声音的认识。

（2）分辨音乐演奏中的声音，用联系个人体验和描述其物理性质的方式感知声音的相同与不同。

（3）辨别环境中的不同声源。

态度方面的目标如下：

（1）自由参加由本人或教师发起的探索性活动。

（2）与大家一起分享发现新的声音和发声技巧的愉悦。

（3）形成对经验的开放性态度并对新的发现感到激动。

"综合课程指南"是为 3 ～ 12 年级的儿童编写的。它仅是一个灵活的指南，目的是向教师提供一套有效的工作计划和相应的教材，以使儿童的体验产生于儿童的认识而不是教师的认识。

基本音乐概念系列包括音乐学科基本结构的五个组成方面：音高、节奏、曲式、力度和音色。在每个循环阶段，还可有更明确、更具体的"行为化目标"表述。

行为化目标的表述原则是必须表述可观察到的行为以及特定学习者在特定条件下应该达到的特定行为水平或质量。例如，"儿童必须掌握常用乐器的音色特点"这一表述，就最好改为"中等城市普通小学五年级学生，在听到一件常用乐器带伴奏的独奏音响时，能迅速地在提供的 3 张乐器图片中指出该独奏乐器"。行为化目标表述方式的科学性在于，它所提出的目标明确、具体，便于操作，便于检查，也是便于达到的。

曼哈顿维尔全部课程的主要指导思想是教师必须创造机会去引导儿童从音乐活动的所有方面，如作曲、表演、指挥、欣赏、分析、评价等活动中获取音乐经验。因为只有在一种综合的，与他人不断交往、合作的，创造性的音乐过程中，儿童才会发现音乐的全部价值。

由于执行传统课程的教师一般都更习惯于原有的教学方法，不能顺利接受创造性的教学要求和难以考虑技能训练和表演以外的目标，该项目还在大量实验的基础上专门制订了一套教师再培训计划。这个计划包括让受训教师参加 60～90 学时的曼哈顿维尔式的教学活动，以帮助教师理解该课程中包含的音乐观和教育观，理解创造性教学结果的评价标准和学会适应创造性教学的方式及气氛。

曼哈顿维尔课程研究的成果是建立在现代教育理论和实践研究的最新发展基础之上的，因此，它更强调儿童主动地对所学学科的全面系统的探索。

同时，它的螺旋上升的核心概念系统和行为化的发展目标表述方式，也为未来音乐教育的目标研究发展做出了开创性的重要贡献。

六、维特鲁金娜的儿童音乐教育体系

维特鲁金娜（H.A.Betyruna），苏联学前儿童音乐教育家。她的著作很多，其理论及实践不仅在本国的学前教育界具有相当重要的地位，而且在 20 世纪五六十年代，也对我国的学前儿童音乐教育工作产生过很大的影响。她编写的《幼儿园音乐教学法》（丰子恺译，人民音乐出版社 1954 年版）是最早介绍到我国来的苏联学前儿童音乐教育专著之一。

从维特鲁金娜的有关著作中，不仅可以了解到苏联学前儿童音乐教育在 20 世纪中期的发展状况；还可以了解到如今我国学前儿童音乐教育的发展，曾在哪些方面、在何种程度上受到了苏联学前儿童音乐教育发展的影响。在音乐教育的功能方面，维特鲁金娜认为音乐是对儿童进行共产主义教育的重要手段之一，也是幼儿的全面发展的道路之一。

在音乐与德育的关系方面，维特鲁金娜认为可以利用音乐作品的艺术形象以及表现在这些作品中的情感和思想来发展幼儿的现实观念和情感。关于这一点，她在《幼儿园音乐教学法》这部著作中写道："艺术的形象给幼儿的影响之大，有时远在于教训之上。我们用音乐来影响幼儿的感情，同时又培养并形成他们的意识，他们的道德观念：我们利用音乐作品来培养他们对苏维埃祖国的爱，对于我们领袖的爱，对于祖国大自然的爱。音乐在幼儿的生活中灌注了很多快乐和生气，音乐课可以帮助、组织幼儿，使他们形成统一而和美的集体。"

在智育和体育方面，维特鲁金娜认为，音乐教育还可以作为有力的手段来发展幼儿的智慧。例如，可以培养幼儿的对照和比较能力，注意事物间相互联系的能力，帮助幼儿发展好奇心、想象力和幻想力。同时，音乐教育还可以通过唤起良好的情绪、发展幼儿的动作、端正幼儿的举止来实现对于幼儿身体发展的良好影响。此外，音乐教育还具有帮助幼儿发展嗓音、矫正幼儿的语言缺陷等方面的功能。

在美育方面，维特鲁金娜把学前儿童音乐教育的具体任务分别列为以下几方面：

（1）培养幼儿对音乐的兴趣爱好或积极的情感倾向。

（2）培养幼儿对音乐的感受力，即能正确地体验音乐的不同性质及其在心中唤起的不同情绪情感。

（3）教会幼儿有表情地唱歌和活动。

（4）以音乐艺术为手段来发展幼儿的创作才能，即发展儿童在音乐表演活动中的体会和表现的独特性。

（5）培养幼儿的音乐思维能力，使幼儿能逐步认识到音乐与其他艺术之间的联系，音乐内容和音乐表情要素之间的联系，以及音乐作品与作品、活动与活动之间的其他联系。

（6）培养幼儿的音乐才能，这里主要指发展幼儿的听觉能力、音乐的记忆能力和节奏感。

在教与学的总原则上，维特鲁金娜强调了教师在安排知识技能传授时的系统性、顺序性方面的重要作用，强调了教师的讲解、示范对儿童学习的指导作用，也强调了教师在教授过程中应注意培养儿童的学习自觉性、积极性。

对照我国现行的幼儿园音乐教育工作文件、教材和教育工作方法便可看出，我国幼儿园音乐教育发展到今天的水平，在一定程度上是与借鉴吸收苏联教育工作者的研究成果分不开的。

七、卡拉博·科恩的儿童音乐教育实践

卡拉博·科恩·玛德琳娜（Madeleine Carabo-Cone），美国小提琴家、音乐教育家，早年主要从事小提琴演奏和教学，晚年开始关注并转向音乐教育研究。她创立的卡拉博·科恩教学法目前已在美国和世界其他国家被广泛采用，出版了《感觉—运动的音乐学习法》《游戏场成了音乐教师》《怎样帮助儿童学习音乐》等专著。

该方法的理论基础主要源于瑞士著名的儿童心理学家让·皮亚杰（Jean Piaget）的观点。皮亚杰认为，儿童的各种概念是其通过对环境的探索过程逐步建立起来的。在儿童早

期（六七岁之前），儿童主要是通过感觉—运动的方式来进行学习的。

基于这样的观念，卡拉博·科恩为幼儿创设了一种特殊的学习环境和一系列特殊的运动游戏，试图让幼儿通过对这一特殊环境的探索和身体运动游戏来获得各种音乐概念，并掌握与概念有关的乐谱符号。

特殊的环境，在卡拉博·科恩的音乐教育体系中是指一种特殊的教室。在这种教室中，五线谱的乐谱形象无处不在——地上、墙上、桌椅上、钢琴的面板上乃至师生的衣服、帽子上。此外，教室里还备有许多专门设置的教具，如乐谱盒、乐谱卡、谱线棒和用卡纸剪成的各种音符等。

在这种特殊的环境中，教师带领幼儿综合运用自己的听觉、视觉、触觉、运动觉，结合具体音乐的音响，用游戏的方式来观察操作环境和材料。卡拉博·科恩认为，儿童通过与特殊的音乐化的环境相互作用的过程，就会自然地把外部环境中蕴含的有关音乐的各种因素吸收进去，而最终构成儿童内心的音乐体验和音乐概念。

卡拉博·科恩体系中重要的教学内容是结合识谱建立基本音乐概念和结合名曲欣赏、表演、学习创作两大方面。识谱教学的主要特点是把抽象的音乐概念和复杂的音乐原理具体化、形象化、戏剧化、自我化，通过多种感官的协同游戏使音响、符号的辨认、匹配活动变得生动活泼，有趣而又易于掌握。创作教学的主要特点是通过欣赏、表演活动，帮助幼儿掌握尽可能多的著名音乐的主题，通过乐谱读写活动帮助幼儿学会将主题记录下来，然后在此基础上逐步引导幼儿学习，让名曲主题重新组成新的曲调。

卡拉博·科恩的主要贡献在于，她采纳了近代心理学研究的成果并创造性地在音乐教育领域进行了实践。她的这项工作不仅为幼儿音乐学习的入门教育提供了一种独特的模式，也为音乐教育研究提供了一条向相邻学科借鉴的思路。

八、格林伯格对早期儿童音乐教育的研究

格林伯格（Clement Greenberg）是美国夏威夷大学课程研究与发展小组的教育学教授。他在音乐和教育两个领域内的渊博学识使他在早期儿童音乐教育的研究方面取得了显著的成就。

他在《你的孩子需要音乐》这部早期儿童音乐教育专著中，将音乐学习活动划分为三个基本的经验领域：倾听、表演和创作，并指出这三种经验在实际的音乐学习中是相互促进、密不可分的。

首先，儿童在幼年时期，对音乐的第一印象并不是歌词是否优美，而是节奏与旋律是否听起来令人舒适。如果是儿童喜欢的节奏，他会不由自主地摆动肢体。这种伴随着节奏感而产生的身体动作，可以为儿童在音乐学习的道路上提供重要的音乐基础。

其次，儿童对于音乐有自己独特的理解之后，就可以形成一定的音乐创造性。这种创

造性是儿童结合自己对音乐的感受以及节奏的把控所创造出的新作品，在自己创造出的作品中儿童可以得到成就感，并且增强自信。由于创造性表演活动包含认知、情感体验和表达、技能获得和发展、音乐语汇积累和再生等一切音乐教育的潜在功能，所以它应该成为儿童音乐成长的又一重要基础。在对创造型音乐进行创作时，应当是儿童独立完成的，而不是外部强加给儿童的任务。这一过程需要儿童自己独立寻找材料并完成创作，儿童需要在创作结束后，对自己所创造的音乐有独特的理解和所要传递的情感。这类创造性的音乐没有一定的评判标准，是儿童内心的真实写照。成年人的任务则是为儿童的创造性表演提供材料、机会的适当引导。儿童从事音乐创造性表演的领域可以是演唱、演奏、舞蹈和戏剧表演、韵律语言等。

最后，儿童在幼年时期，对于音乐还没有形成认知概念。因此，对处于这一阶段的儿童来说，家长和教师最应该做的就是引导儿童对音乐进行正确的学习，并且在不断地欣赏音乐与演练音乐的过程中让儿童逐渐找到音乐的定义，形成自己独特的音乐创造力。因此，概念一般不能够被教授，最好让儿童通过与环境相互作用的过程去获得。对于这种过程，成年人的任务就是设计创造丰富的环境和活动来增加儿童的音乐经验，促进儿童音乐概念发展的进程。

格林伯格把儿童音乐发展的基础归纳为倾听与动作反应、创造性表达、音乐概念发展。这种归纳是有一定创见的，特别是他对音乐概念发展的看法，为儿童音乐认知发展的研究提供了有益的启示。

九、加德纳和阿恩海姆对儿童艺术认知发展方面的研究

霍华德·加德纳（Howard Gardner）是美国哈佛大学教育研究院的教授，在儿童艺术认知发展方面有专门的研究，他率先提出了人类有七种智慧（后来增加至八种）的观点，这种观点认为音乐智慧是一种独立特殊的智慧。他认为，一味地夸大音乐教育对智力发展促进作用的宣传是有疑问的，早期艺术教育的重要任务应该是给予儿童利用艺术手段自由表达自己的机会和条件。这样做能够充分利用儿童在这一时期心理发展的特殊条件，来发展其独特的、充满奇怪幻想的艺术想象力和创造力。加德纳认为，成年人要十分谨慎地向儿童提供示范。良好的示范和正确的提供方式可以使示范成为儿童进行艺术创作的参考范例，而不会使示范成为机械模仿的榜样。

鲁道夫·阿恩海姆（Rudolf Arnheim）是美国著名的格式塔派心理学家，他在对艺术心理学研究的广泛基础上对艺术教育提出了独到的见解。他认为要把对艺术本身所存在的表现性反应能力的发展作为对儿童进行艺术教育的主要着眼点，高明的艺术教育者应该教会儿童用艺术的方式去思维，甚至教会儿童在不同艺术形式中去抽象出某些共同的艺术表现规律。

　　例如，构成形式的整体性的"重复"，构成形式的丰富性的"变化"，以及构成作品的某种特殊表现性质的形式特征等。与此类似的观点，可以在当代世界各国的许多音乐教育专著和论文中找到。例如，日本《音乐艺术》杂志在 1983 年 7 月上旬刊载的题为《新型的音乐教育与现代音乐》的文章就指出："只有把表现摆在音乐教育的首位，技能才能成为儿童自发去追求的东西"。

　　加德纳和阿恩海姆的观点代表了当代儿童艺术教育观念的新思想：儿童将作为艺术活动的主人，到艺术活动中去学习认识自己和表现自己。概念和技术不再是儿童艺术学习的主要目标，将成为儿童为了更好地在艺术活动中认识和表现自己而自动努力追求的工具。

第二节　近现代国内学前儿童音乐教育

　　我国近现代儿童音乐教育的发展是我国普通音乐教育发展的一部分，了解、研究这一历史阶段，有助于我们更好地把握我国儿童音乐教育发展的历史脉络，更好地继承和发扬我国儿童音乐教育中的精华。我国近现代儿童音乐教育的发展大致经历了以下三个时期：

一、20 世纪初期到 40 年代末期的儿童音乐教育

　　此时期受外来文化的影响较大，主要受来自日本和美国的影响。随着教会学校的开办和新兴学校的建立，近现代儿童音乐教育从萌芽逐步进入初步发展的阶段。

（一）新文化运动的产物——学堂乐歌

　　在新文化运动时期，我国的封建社会逐渐被推翻，新兴的资产阶级人士主张学习西方的先进技术以及文化，全国上下也开始逐渐对教育重新重视起来。作为教育中的一门艺术学科——音乐，也在这一时期得到了极大的发展。这一时期我国与国外的文化交流变得更加密切，东西方音乐进行相互交融，我国的音乐不再只停留于对国内的音乐进行研究，对国外先进著名的音乐也开始学习。并且在兴办的新修学校的课堂上也开始出现对于音乐的学习，学校的各个社区和团体也纷纷开展对于音乐的探讨，对于音乐有浓厚兴趣的人士聚集在一起，使我国的音乐事业得到了很大的发展。于是，从 1904 年左右起不仅各种各样的唱歌书得以大量出版和广泛发行，学校的唱歌活动也迅速成为社会文化生活中的一种新风尚。这些新的歌曲被称为"乐歌"，后来音乐界将这一时期的学校歌曲统称为"学堂乐歌"。

　　学堂乐歌的旋律绝大多数采自欧美、日本歌曲的曲调，这些曲调中有的是民间歌曲、童谣，也有的是流传广泛的创作歌曲，甚至有些曲调在不同时期被不同作者反复填上了不同的歌词，其中还不乏直接引用外国作者填词的版本。与此形成鲜明对比的是，用我国民

歌、小调的，或者完全由我国作者自己谱曲的作品却只是极少数。

学堂乐歌的出现标志着我国解放了封建主义的思想，并且向新时期迈出了重要的一步。我国长期以来封闭的文化得到了更好的传播，并且也对国外的优秀文化进行了吸收与借鉴，提升了我国整体的音乐素养。学堂乐歌所表现出来的特征为后来的军旅歌曲及革命歌曲奠定了一定的基础，这类歌曲体现了我国新时期的民主与自由的特征。通过学堂乐歌的运动，我国将西方先进的文化技术融入我国的音乐中，使我国的音乐可以更加适合当今时代发展并且广为流传。在学堂乐歌出现的这一时期，我国不断涌现出许多优秀的音乐家及音乐教育家。学堂乐歌在我国的历史上有较为重要的作用，直至今日许多学校还会涉及学堂乐歌的教学。

（二）教育家论儿童音乐教育

我国近现代的教育家在论述普通教育和学前教育时，也论述了儿童的音乐教育。

康有为，近代资产阶级改良派领袖，他首次设想了从人本院（实施胎教）到育婴院、慈幼院（实施幼教）的学前公共教育体系。他主张"人本院终日常有琴乐歌管，除早夕某某时停奏外，余皆有乐人为之，亦听孕妇自为之。盖声音动荡，最能感人，其入魂尤易，故佛氏称清净在音闻。但取其最和平中正者，常以声乐养其耳，必能养性情而发神智"①。这也就是说，要让孕妇能经常听到音乐并任其自行弹唱，以便陶冶其情操。在育婴院内，他又主张"婴儿能歌，则教仁慈爱物之旨以为歌，使之浸渍心耳中"。这也就是说，教婴幼儿唱有关待人接物的歌曲，使之受到熏陶。可见，康有为把音乐作为胎教和幼教的重要内容，并注重音乐的德育功能。

蔡元培，近现代资产阶级教育家，我国美育创始人之一。他作为"中华民国"第一任教育总长，在创立资产阶级新教育体制的过程中不仅提出了"五育"（军国民教育、实利主义教育、公民道德教育、世界观教育和美育）并举的教育方针，大力宣传和提倡美感教育，还在教育部的文件中强调音乐教育的重要作用，规定了各级各类学校开设音乐课的要求、内容及课时，使音乐教育成为学校教育的重要组成部分。在学前儿童音乐教育方面，他主张以胎教为起点，从公共的胎教院和育婴院着手。在胎教院内，"每日可有音乐，选取的标准，与图画一样，刺激太甚的、卑靡的，都不取"。在育婴院内，"音乐选简单静细的""舞蹈、唱歌、手工，都是美育的专课"。他主张学校美育和家庭美育、社会美育三者结合，充分发挥美育"陶冶感情"的作用。

陶行知，现代人民教育家。在他提倡的生活教育理论中，把健康生活、劳动生活、科学生活、艺术生活、改造社会生活五大生活构成一个不可分割的整体。他把艺术教育当作对儿童进行思想教育的重要武器。20世纪20年代末期，他在南京晓庄学校任校长期间，曾与著名语言学家、作曲家赵元任合作采集晓庄本地的栽秧山歌，创作了许多具有鲜明民

---

① 中国学前教育史编写组编：《中国学前教育史资料选》，人民教育出版社1989年版，第88-90页。

族特色的教育歌曲，其中最有名的是为晓庄学校谱写的校歌《锄头舞歌》。

抗日战争期间，陶行知组建了儿童文艺团体开展抗日宣传活动。在他创办的育才学校里，所设的七个组中就有音乐、美术、舞蹈、戏剧、文学五个文艺组织，培养了一批革命的文艺工作者和优秀的艺术教育工作者。

张雪门，现代幼儿教育专家。他十分重视音乐对儿童的教育作用，注意音乐美本身对儿童心灵影响的价值。他认为既不应该过分强调对部分技术在形式上进行熟练掌握，也不应该把音乐当作一种哲学或道德的工具来看待。他主张音乐教材要与儿童的生活相关，要有民族性，要简单而完美，适合儿童的能力，容易引起儿童的情绪共鸣。他强调要给儿童更多的体验、自由发表和自由创作的机会，不应追求形式的成绩，反对勉强儿童去机械模仿。他指出，在教学中应首先引发儿童对音乐做出反应的内部需要，激起儿童学习音乐的主动性；不仅要安排聆听音乐作品的各种机会，也要安排倾听自然和生活中各种声音的机会，以培养儿童听觉的敏感性；在欣赏和辨认音乐性质的活动中，可以向儿童提供两种以上的不同视觉形象使之与音乐相对照。

陈鹤琴，幼儿教育专家。他曾在自己撰写的著作中提出，"儿童在刚步入学习阶段，就应该对音乐有所接触"。他认为，儿童天生就会对音乐产生独特的兴趣，音乐可以更了解儿童的内心世界。针对儿童的音乐教育，提出只是单纯地学习音乐技巧，无法让儿童真正地体会到音乐的魅力。在启蒙时期，对儿童进行音乐教育，应该让儿童置身于音乐中，自己用心去感受音乐所带给他们的享受，从而提升儿童的音乐修养。他还认为，对音乐进行歌唱主要有两个方面的作用：一方面是通过歌唱的方式来锻炼自己的肌肉运动，另一方面是通过歌唱的方式将自己的内心情感表达出来。针对他自己提出的这两类方式，他主张人们歌唱应该是发自内心的歌唱，对于肌肉的锻炼是次要的。他还认为，针对不同年龄段的儿童，应当用不同的音乐技巧来帮助他们进行学习。他进而提出："我们要凭着音乐的生气和兴味，渗透到儿童生活里面去，使儿童无论生活工作、游戏或劳动的时候，都能有意志统一、行动合拍、精神愉快的表现，使儿童生活音乐化。"据此，陈鹤琴主张幼稚园应有音乐的环境，培养儿童的音乐兴趣，发展他们的欣赏能力和音乐技能，陶冶性情，鼓舞进取。

关于音乐教育的内容和教材，陈鹤琴强调要教儿童欣赏音乐，他指出："欣赏指导是让儿童由听觉所感到音乐的节奏、和声、旋律等，而引起儿童对歌曲有自发要求的一个教学过程；再由歌曲来表现儿童的情感，并使儿童的情感通过音乐的洗练，而得到至精至纯的陶冶，以至于引导儿童以快活的精神来创造自己的生活。"他非常重视打击乐的教学，经他提倡和指导，20 世纪 20 年代鼓楼幼稚园的小乐队和 20 世纪 50 年代初期的南京师范学院附属小学幼儿园的小乐队闻名于南京市。对于儿童音乐教材，他认为"我们要注意教材的选用，最优良的材料是取自儿童的生活经验，与他所学习的各项科目取得联系"。如为诗歌配曲谱、选用民歌及为民歌填词、选取家庭和大众生活的材料等，"使家庭音乐、学校音乐、社会音乐熔于一炉，而使儿童整个生活，达于音乐的境界"。陈鹤琴等还翻译选编了《世界儿童歌曲》第一集和《世界儿童节奏集》上、下两册，选用了许多世界名曲。如《小兵丁》，不仅作为《世界儿童歌曲》第一集的第一首歌介绍给大家，他也特别喜爱这首歌曲，直到老年，《小兵丁》始终作为他表演时的"保留曲目"，给他和大家带来了很多乐趣。

综上所述，近现代教育家关于儿童音乐教育的理论和实践，为我国儿童音乐教育的发展奠定了良好的基础，尤其陈鹤琴、张雪门两位幼教专家对学前儿童音乐教育的研究已经涉及儿童音乐教育的目的、方法等，达到了相当高的水平，对当前儿童音乐教育仍有指导意义。

二、20世纪50—70年代的儿童音乐教育

自中华人民共和国成立以来，音乐教育作为体、智、德、美全面发展教育的重要组成部分受到重视。20世纪50年代初期，教育战线和各条战线一样全面向苏联学习，幼儿教育也不例外。1953年，在苏联专家戈林娜的指导下，教育部颁布了两个幼儿教育法规。在《幼儿园暂行规程（草案）》中，规定了"音乐"为幼儿园教养活动的六个项目之一。在《幼儿园暂行教学纲要（草案）》中，又具体规定了"音乐教学纲要"，包括目标、教材大纲、教学要点和设备要点四个方面。"目标"包括以下几方面内容：

（1）培养幼儿爱好音乐的兴趣，发展幼儿的音乐听觉和韵律的感觉。

（2）培养幼儿正确的声音、歌唱、表演、舞蹈，并陶冶其活泼、愉快、热情、勇敢等康乐的精神。

（3）培养幼儿爱祖国、爱人民、爱劳动等国民公德，以及团结友爱的集体主义精神。

"教材大纲"则从唱歌、听音乐、乐器演奏三个方面，分别提出小、中、大三班逐步提高的要求。如歌唱方面，小班的音域从E到A四个音，中班从D到A或B的五个至六个音，大班从D到C七个音，听音乐方面：小班听8～16小节的简短乐曲，中班听16～32小节的乐曲，大班则可听32～64小节的乐曲等。

"教学要点"中规定了每次音乐作业的时间，小班为15分钟，中班为20～25分钟，大班为30～40分钟，每周两次音乐必修作业，并提出了选材的原则、教学的方法、作业的环境、教师的素养等，特别强调音乐可配合游戏、舞蹈、律动进行教学（此三项当时均属"体育"）。

"设备要点"开列了教具（琴、口琴、留声机、二胡等）、玩具（大小鼓、铃等）、旗子等。

20世纪50年代中期，教育部委托北京师范大学学前教育专业在苏联专家马努依连柯的指导下，编写《幼儿园教育工作指南》（以下简称"《指南》"）。《指南》初稿指出：音乐

是幼儿园艺术教育的一部分，实现着全面发展教育的任务。音乐本身是直观的、形象的，通过歌词及音乐的曲调、节奏、动作等可以培养儿童的情感和艺术的兴趣，增进对祖国和人民的热爱。在各种音乐作业中，儿童初步学会唱歌的技能技巧，记住歌词和曲调，也发展了动作，并将所学内容广泛地运用在游戏和其他创造性的活动中。《指南》初稿规定的幼儿园音乐教育的内容有唱歌、听音乐、音乐游戏和舞蹈等，特别强调要系统地进行音乐作业，并保证全班每个儿童都能掌握所学的唱歌和舞蹈。《指南》虽未能正式颁发，但其基本精神已指导并影响了我国的幼儿教育工作。

综上所述，我国幼儿音乐教育的体系已在 20 世纪 50 年代逐步形成，其特点是全面、系统、规范，保证了幼儿音乐教育的质量。其不足之处是比较重视音乐的技能训练；着眼于教材的传授，即会唱多少歌，会跳几个舞；教育要求规定得过于刻板，如周课时、作业时间等；过分重视作业中的音乐教育；等等。

三、20 世纪 80 年代至今的儿童音乐教育

自进入 20 世纪 80 年代以来，随着社会政治经济情况的不断改善和改革开放政策的不断深入，社会对教育发展的需求引发了人们重新认识音乐教育作用的兴趣。加之在这一时期，国外特别是发达国家和地区的音乐教育理论和实践体系，随着广泛的文化交流而被介绍到国内来，更激发了国内各界有关人士要求改变普通音乐教育现状的热情。如果说 1985 年以前我国普通音乐教育的改革还仅仅处在一种民间的、自发的舆论、经验、资料的准备阶段，1985 年以后就可以说已逐步进入由政府部门组织的，有领导、有计划地宣传发动和实际的调查、实验和实践研究的阶段了。

随着我国经济的不断发展，社会文化也不断地在进步。国家及政府对于儿童的教育不只停留于培养智力上，而是将德、智、体、美全面发展作为教育的总目标。在针对幼儿园的儿童教育问题上提出了重要举措，需要儿童在幼儿园进行多种艺术活动，入园儿童普遍受到良好的早期艺术教育；在九年义务教育的教学课程中，需要儿童将音乐教育作为自己的必修课程，在学习专业课程的同时也要兼顾对于音乐技能的掌握；在各级师范学校和较多的高级中等学校、普通高等学校普遍增设艺术选修课，进行高中和大学阶段的艺术教育，从而为建设具有中国特色和时代精神的社会主义学校艺术教育体系打好基础。国家除了对各级学校进行部署之外，也从政治层面将音乐教育进行重点规划，相继推出中国的音乐研讨会及其音乐教育委员会。学术研讨、学术交流、学术研究以及学术著作的出版呈现出百花齐放、百家争鸣的局面。至此，一个包含政府机构和民间团体的组织、计划、教学、科研以及信息收集、整理、传播的完善的音乐教育体系业已形成，我国的普通音乐教育亦开始进入了一个加速发展的时期。在学前儿童音乐教育方面，1981 年 10 月教育部制定了《幼儿园教育纲要（试行草案）》（以下简称"《教育纲要》"），将音乐列入教育内容的八个方面

之一。《教育纲要》中规定音乐教育的要求：教给幼儿唱歌、舞蹈的粗浅的知识技能，初步培养幼儿对音乐、舞蹈的兴趣和节奏感，发展幼儿对音乐的感受力、记忆力、想象力和表现能力等，陶冶幼儿的性情和品格。音乐教育的内容包括唱歌、舞蹈和音乐游戏、音乐欣赏及打击乐器等。此《教育纲要》和 20 世纪 50 年代初期的教学纲要相比，增添了"发展音乐能力"的目标，但在各年龄段如何分层次达到这一目标，此《教育纲要》尚未具体落实。

近年来，我国学前儿童音乐教育方面的专家、学者，大力开展了学前儿童音乐教育的科学研究工作。这一时期学前儿童音乐教育的科研重点经历了以下三个重要的转折阶段：20 世纪 70 年代末期至 80 年代初期，以促进儿童音乐感的发展为主要研究目标；20 世纪 80 年代中期以促进儿童创造力、思维力、想象力的发展为主要研究目标；自 20 世纪 80 年代末期以来，开始探讨如何发挥音乐教育的整体功能，以促进儿童的身体、智力、情感、个性、社会性的全面和谐发展。上述发展是与整个学前儿童教育研究的发展趋势相一致的。

第三章　学前儿童音乐教育的活动设计与组织

第一节　学前儿童音乐教育活动设计

一、学前儿童音乐教育活动的设计原则

教师在对学前儿童进行音乐教育时需要遵守国家制定的相关政策，应根据大纲要求，设计适合学前儿童学习的课程内容。它是以教育学和音乐学的基本原则为理论依据，结合学前儿童音乐审美的发展规律和特点提出来的。

（一）发展性原则

教师在对学前儿童进行音乐方面的教学时，要明确以儿童的身心全面发展为主要目标，在设计教学活动的过程中要遵循发展性原则。这里的发展性原则是指教师在正确把握学前儿童原有能力水平的基础上促进其身心的全面和谐发展。其具体包含以下三层含义：

（1）学前儿童音乐教育活动目标的设定、内容的设计和方法的选择必须顺应儿童主体发展的规律，是以儿童主体发展目标为依据进行设计的。

（2）进行学前儿童音乐教育活动设计时，应充分考虑学前儿童原有的能力水平，并在此基础上形成新的发展目标。

（3）发展性原则不仅体现为促进学前儿童音乐能力和素养的提升，也包括非音乐能力和素养的培养。在具体的课堂活动中注重对儿童全方位的培养，让儿童可以形成正确的价值观念和对世界的认知，用心感受音乐传递的情感，使自身的审美和智力都得到相应的提升。

（二）互动性原则

在音乐学习过程中，教师和儿童之间的有效交流与互动，可以加强儿童对音乐的更好吸收，促进儿童理实一体化思想更好地形成。互动性原则是强调在设计音乐教育活动时，应注意体现这一原则，使整个音乐教育活动在教师与儿童之间的有效互动中推进。因此，活动设计中如何处理好教师主导作用的发挥和儿童主体地位的体现这二者之间的关系就显

得尤为重要，儿童与教师之间的角色应该根据不同的教学任务和活动进行灵活转变。在活动中教师的角色是多样的，根据需要，教师应充分扮演好引导者、帮助者、支持者、合作者、材料的提供者等多种角色，与学习主体（儿童）进行有效的互动，推动活动的进程，促进儿童的发展。

（三）整合性原则

音乐的内容丰富多采，种类多样复杂，教师要想将音乐更好地传授给儿童，就需要将音乐进行整合和总结，多去学习音乐教学的方法和组织活动的方式。在多种多样的音乐中找到共性，用对立统一的观点对待"音乐"这门艺术学科。教师具体教学设计中的整合性原则主要体现在以下三个方面：

1. 音乐教育活动内容的整合

音乐教师在设计课程活动内容上体现了整合性。一方面是将课程中具体要实践的活动进行整合，主要是将音乐鉴赏活动、儿童表演活动和趣味游戏活动加入课程设计的内容中。运用多种形式来丰富音乐课堂，将众多教学方式进行整合，从不同的角度来帮助儿童培养音乐兴趣，提高音乐专业修养。另一方面是将音乐学科与其他专业学科相结合，通过了解更多领域的知识，来对音乐有更好的认知和理解，使音乐与其他学科进行有效的结合。教师应对儿童提出多方面学习的要求，不能将学习的范围局限在单个音乐学科，应该开拓儿童的眼界，综合各类学科的优秀知识，将音乐进行更深刻的研究。

2. 音乐教育活动形式的整合

音乐教师在设计课程活动形式上体现了整合性。当代的教育提倡把课堂更多的表现机会留给儿童，因此教师在设计活动形式时应注重儿童之间的有效沟通，可以采取小组讨论、集体欣赏等方式的整合。

3. 音乐教育活动过程的整合

音乐教师在设计课程活动过程上体现了整合性。音乐教育活动过程的整合，一方面是指将音乐欣赏、音乐表演与音乐创作等表现形式整合在一个音乐活动过程之中；另一方面是指每一个具体的音乐活动设计中将认知、情感、技能等方面的培养统一在一个音乐活动之中。

随着社会的发展，学前儿童接触音乐的媒介越来越丰富，他们的思维已不局限在某一类音乐形式中，这就需要我们在对音乐内容、表现手段、组织形式的把握上更为立体。因此，要让教育方法切实地解决儿童的实际问题，就要有开拓创新的精神，需要形成先进的思维意识，才可以去指导更好的实践。

（四）趣味性原则

儿童在儿童时期对世界的认知简单，对周围的事物都觉得新鲜。教师要抓住儿童的年龄特征，在设计教学任务时加入趣味性的环节，吸引儿童的注意力。让儿童愿意积极主动参与到音乐学习中,并大胆地发挥自己的想象力去创造有价值的音乐作品。设计者应该依循儿童的内在需求,选择符合学前儿童兴趣和需要的活动内容,安排有趣、生动的活动环节,运用灵活有效的活动方法,开展丰富多彩的音乐活动。

(五)差异性原则

音乐教师在设计教学方案时,要了解每个儿童的性格特点,针对不同的儿童制定不同的教学方案。不能用同一种教学方式去教育儿童,这样会导致儿童对知识的吸收效果一般,并且失去兴趣。教师要找到不同儿童对音乐的兴趣点,制定差异性的教学方法。由于每个儿童的生活环境、家庭背景和性格等方面存在着很大的差异,所以对音乐的感知理解能力也不尽相同,这就需要设计者一方面要了解每个儿童的兴趣、能力和原有的发展水平,另一方面还要为不同发展水平的儿童提供不同的活动安排,力求做到因材施教、因人而异。

(六)尊重儿童艺术创作的原则

艺术是儿童成长过程中最早出现的自我表现的方式之一。它的开始和发展不受任何局限性,学前儿童对世界和生活的理解有着独特的视角,成年人不应该按照循规蹈矩的传统方式来制约他们,而是应该学会在赏识的同时尊重和鼓励学前儿童进行大胆的艺术尝试与探索,提供各种机会,满足他们艺术创作的欲望。

二、学前儿童音乐教育活动设计

学前儿童音乐教育活动设计主要从活动目标、活动过程、活动方法以及活动材料这四个方面进行,具体内容如下:

(一)活动目标的设计

在对学前儿童进行教育时,首先要做的就是确定教学活动目标,有了教学的方向,才可以开展具体的方案部署。在设计学前儿童音乐活动目标时,应以《教育纲要》中艺术领域的总目标为依据,根据不同年龄阶段儿童音乐活动的实际水平和发展特点,以及所选音乐内容的教育价值进行具体定夺。在设计教学活动目标时,还需要注意以下问题:

1. 目标的发展性

学前儿童的身心发育正处在不断发展变化之中,因此活动目标的设计首先应着眼于儿童的发展。目标的确立要具有长远性,不能只看眼前儿童可以得到怎样的发展,还需要考虑教育目标是否会为儿童今后的发展起到促进与提升作用。目标的长远性既要体现在音乐知识和音乐能力的发展目标上,同时还要体现在情感、个性和社会性等方面的发展目标上。例如,大班的打击乐活动"苹果丰收"的目标设计中既要有学习内容的重点:"能用拍手、拍腿、跺脚等方式表现乐曲的节奏型,并能看指挥协调一致地演奏",又要有鼓励儿童进行探索的内心发展引导:"尝试根据图谱设计配器方案",同时还要有情感培养、体会合作精神魅力的设计:"感受乐器音色的不同,体会不同的音乐感觉,体验合作演奏的乐趣"。

2. 目标的系统性

学前儿童音乐教育活动目标的设计应体现全面性和系统性的特点，具体体现在应从情感与态度目标、认知目标、操作技能目标这三个维度进行目标设计。其中，情感态度目标主要是围绕儿童在音乐活动中的情感体验、对音乐活动的兴趣以及社会性发展的培养等方面进行设计；认知目标主要围绕音乐活动中需要儿童掌握的音乐知识和认知能力方面的发展要求来设计；操作技能目标则主要围绕儿童进行音乐体验与表现和表达的技能要求来设计。

无论对哪种音乐的教学设计都需要有这三个方面的考虑，不能偏重强化某个方面，更不能忽视遗漏任何一个方面。对于一个具体的活动目标，设计者首先要找准每一个维度目标的切入点，紧紧围绕着具体的活动内容进行设计。语言表达上要尽可能地丰富有趣，突出重点。切忌笼统、含糊其词。

（二）活动过程的设计

在活动设计过程中，要对教学中的各个环节都进行严格、缜密的部署。在教学方案中设计条理清晰的步骤，并对具体的活动做出详细的安排。学前儿童音乐教育活动过程的设计一般包括"三段式"和"单段式"两种组织结构的设计。

1. "三段式"结构

"三段式"结构是学前儿童音乐教育活动中较为传统的一种组织结构模式，即把音乐教育活动分为三个部分：开始部分—展开部分—结束部分。这种结构模式在学前儿童音乐教育活动中运用得非常广泛。

①开始部分即导入环节。主要的任务是在短时间内集中儿童的注意力，激发兴趣，在轻松愉悦的氛围中，通过复习学过的歌曲、韵律活动或音乐游戏等的方式导入课题。

②展开部分即具体操作环节。这部分的主要内容是将新知识通过儿童熟悉的各种教学方式向儿童传递。在活动内容的安排上要注意多样性、活动组织的形式上要体现新颖性和灵活性，在活动过程中要遵守动静交替的原则，让儿童在兴趣中学习，在学习中体会快乐，在合作交流中学会分享。

③结束部分即总结环节。这部分的主要工作是将整个音乐教育活动进行整合和归纳，教师带领儿童进行反复的练习和巩固。教师根据儿童掌握的情况进行发展性预想，使知识与技能不断丰富化、新鲜化、熟练化。

2. "单段式"结构

除了音乐教育活动中常用的"三段式"结构，还有"单段式"结构，这种活动模式是将儿童的注意力全部集中到新课程上，所有的教学活动都是围绕着这一主题开展的。活动开始，通过唤醒与新授知识相关的知识经验为引子，集中儿童的注意力，激发儿童的兴趣，继而用不断递进、连续引导的方式进入新知识学习的中心部分。最后，在儿童体验到获取新知识的愉悦情感中实现学习目标，完成学习任务。这种结构设计更能围绕一个作品或学习技能进行有序、递进的学习，对激发儿童的求知欲、培养合作学习的能力等方面发挥着积极的作用。

（三）活动方法的设计

在学前儿童音乐教育活动中，活动方法的合理运用是音乐活动得以顺利开展的有力保障。在通常情况下，活动方法的设计应注意以下三个方面：

1. 以活动目标为依据设计

在对学前儿童进行教育时，首先要做的就是确定教学活动目标，有了教学的方向，才可以开展具体的方案部署。在设计学前儿童音乐活动目标时，应以课程方案的大纲为活动依据，任何一个音乐教育活动都需要根据具体的活动目标来设计与之相适应的方法。

2. 以儿童的实际情况为依据设计

作为音乐教育活动的主体，儿童的年龄特点、认知水平、个性特征以及学习态度和习惯都是影响活动过程的主要因素。教师在设计活动方案时，要提前了解每个儿童的性格特征和兴趣爱好，用差异性的方式来对儿童进行针对性的教导。比如，在对年纪较小的儿童设计教学方案时，就需要教师多加入趣味性的元素，来吸引幼儿的注意力；针对年龄大点的儿童，可以适当地加入理论性的方法。

3. 以活动内容为依据

在设计活动方法时，除了考虑教育对象的特点外，设计者还应根据具体的活动内容进行选择设计。针对学前儿童的活动内容是有趣丰富的，在设计具体的活动方法时，设计者应在把握活动内容特点的基础上选择与之相适应的方法。在对儿童的课程进行教学设计时，教师可以多设计几种方案。在具体实施的过程中，教师需要了解不同儿童的性格特征，针对儿童的特征来挑选相符合的教学方案。活动设计需要考虑诸多因素，除了考虑儿童的感受，教师的讲授方法也是非常重要的。

（四）活动材料的设计

学前儿童音乐教育活动中的材料既包括音乐教材本身的材料（如音乐、乐器、动作等），也包括为完成音乐活动而运用的辅助教学的材料，如教具、学具、道具、音像材料等。

1. 音乐材料的设计

音乐材料的设计主要包括对音乐作品的选择和对动作作品的设计这两个方面的内容。

对音乐作品的选择应从学前儿童的年龄特点和认知水平出发，根据儿童的兴趣、需要选择与其已有的音乐知识经验相联系的音乐作品。在符合音乐作品要求的前提下，侧重于儿童对学习承受力的关注。例如，在教小班幼儿学唱《小鸭嘎嘎》这首儿歌时，如果原作品的速度超出了幼儿的能力范围，学习起来有些吃力，在这种情况下设计者在设计时就不能用正常的录音速度，而是由教师亲自演唱，在活动中随时根据儿童学习的情况灵活做出调整。

想要让儿童动作作品以知识和时代发展，就需要在设计时，将现代社会所涉及的因素考虑到具体方案中。根据儿童动作发展的一般水平合理设计动作的难度和技巧，灵活调整动作的力度和幅度，加强动作与音乐之间的配合，所设计的动作既能引发儿童学习的兴趣，又能使儿童在原有动作表现的基础上有所提高。

2. 辅助材料的设计

好的教学设计除了教师要提前准备精心缜密的教学安排，还需要具有较为完善的辅助教学工具及材料，才可以让整个教学方案顺利地进行。在设计教具学具时，首先要明确其用途是为儿童更好地理解和表现音乐服务的，避免形式化；其次，教具学具的设计在体现直观形象特点的同时注意不要过分追求新奇有趣，以免喧宾夺主，产生适得其反的效果；最后需要切记，由于儿童的年龄较小，对于事物只有简单的认知，因此在选取教学工具时应选择具有简易性、无危险性、易操作的。

在音乐教育活动中，有很多内容需要儿童进行表现与表达，在表演中适当地运用道具，可以很好地提高儿童参与表演的积极性和主动性，增强活动的效果。在设计道具时既要考虑年龄段的特点，还要根据活动的性质和内容进行取舍。

对于图片、音像等可视材料的选择和设计应体现视听合一的效果。例如，在音乐欣赏活动中，设计者可以将相对抽象的乐曲旋律、节奏用形象可观的图谱表示出来。引导儿童边听音乐，边看图谱。这种直观的视觉画面易于儿童理解作品内容，提高学习效率。

第二节　学前儿童音乐教育活动的组织途径

随着社会文化的不断进步，人们的教育理念不断更新，越来越多的人认识到了音乐对于儿童成长的重要作用。为了充分发挥学前儿童音乐教育的作用，人们探索出丰富多样的音乐活动的组织形式。由于学前儿童的生活还是以幼儿园和家庭为主，所以我们主要从幼儿园和家庭两个方面对学前儿童音乐教育活动的组织形式进行阐述。

一、幼儿园的音乐教育活动

幼儿园是儿童步入学术殿堂的第一个教学环境。这里都是年龄较小的儿童对知识形成初步认识，并且是对儿童天赋开始进入开发阶段。音乐作为儿童必备的艺术特长，幼儿教师会在幼儿园时期对儿童进行启蒙教育，教育的目的是希望儿童可以通过对音乐的学习，找到自己感兴趣的音乐领域，并且通过对音乐的了解可以接收到更多的情感，对于世界有更加全面的认知。

（一）幼儿园开展音乐教育活动的意义

当儿童进入幼儿园，教师在这一时期所开展的教学活动都是围绕着对儿童兴趣的培养及其音乐能力的提升而展开的。儿童成为音乐教学的主体人物，教师的教学方案以培养儿童的音乐素养为最终目的，教师会通过客观上引导儿童和让儿童在主观上形成对音乐的喜爱两个方面来帮助儿童学习音乐。儿童掌握音乐所带给他们的价值时，会使儿童的身体及其心理得到全方位的发展。

（二）幼儿园音乐教育活动的类型

音乐的教育会对儿童在幼年时期形成健全人格具有非常重要的作用。儿童在幼儿园时，教师需要引导儿童对音乐学科进行学习，同时也要向儿童传递学科互通的原则，让儿童在学习音乐的过程中也要对其他学科有所涉及。因此，教师在制定教育活动时，可以从以下两方面来对音乐进行讲解：

1.专门的音乐教育活动

专门的音乐教学活动是指教师以音乐学科为出发点，将音乐中所涉及的各种专业知识及其技能，设计在自己的教学方案与教学活动中，并且对儿童进行统一的管理和规划，安排特定的场所并按规定固定的时间，组织各类音乐互动环节，让所有儿童参与到音乐教学中。根据儿童的认知特点，在实际的教学活动中，教师应采用立体、多样的形式让儿童充分感受、理解和表达音乐。例如，在音乐教育活动"打电话"中既包含欣赏的活动内容，也会根据儿童的接受能力融入歌唱、律动、表演、游戏等内容。

专门的音乐活动不仅在时间上追求集中，在形式上追求多样，还要充分考虑儿童的身心发展特点，以儿童集中注意方的时间为参照，确定适宜的活动时间。年龄相对较小的儿童所在的班级，活动时间不宜过长；对于年龄大点的儿童，可以将活动时间进行合理的延长。因此，对时间合理的把控，有利于不同年龄段儿童对音乐知识的吸收。

2.渗透性的音乐教育活动

渗透性的音乐教学活动没有固定的教学内容，是教师根据儿童身边的事物中所蕴含的音乐要素对儿童进行随机的讲解。这种方式的音乐教学具有较强的主观性与随意性，同时也会大大提升儿童发挥想象力和创造力的空间。

（1）生活中的音乐活动。在我们的日常生活中，会有许多场景出现音乐。教师可以将音乐活动随机、灵活地渗透到儿童生活的各个方面，让儿童随时感受音乐，发挥音乐对儿童产生的潜移默化的影响。例如，晨间区域活动时播放优美的轻音乐，午睡之后播放活泼欢快的歌曲，让儿童在音乐中进行表演等。通过在儿童身边发现音乐的方式，可以使儿童不自觉地投入音乐学习的过程中，并且获取到音乐带给儿童的真实感，让儿童在无形中提升自己的音乐理解力和感受力。

（2）除了在我们的日常生活中发现音乐，还可以通过许多其他社会方面来获取音乐要素，并且通过对事物的分析，展开对音乐更深层次的理解。例如，在语言领域儿歌学习的过程中，可以加入音乐节奏的律动，使儿童在朗诵中逐渐形成节奏的概念，在语言表达的同时加上肢体的律动，让儿童从整体上融入学习。通过活动发展儿童的语言表达能力、身体协调性、音乐节奏感等综合素质。在美术活动中，当儿童进行绘画创作时，富有想象空间的背景音乐可以帮助儿童开阔思路，激发灵感。

（3）游戏中的音乐活动。在众多的教育活动形式中，最受儿童欢迎的就是通过娱乐的方式进行学习。在游戏中，教师可以适时地根据游戏的内容、场地、道具等特点，设计加入适当的音乐，以烘托游戏气氛。例如，在故事表演游戏中，教师可以根据故事的情节加入适宜的背景音乐，在营造活动气氛的同时丰富儿童的音乐表现力。在音乐活动区中，教师可以根据儿童的兴趣和需要，投放有关音乐的图片、乐器、玩具、道具等，让他们根据自己的兴趣选择喜欢的材料进行自发的探索。

（4）特定节日的音乐活动。教师可以为儿童设置音乐节活动，在每年固定的时间开展不同的活动内容。通过节日活动不仅可以让儿童感受浓厚的节日氛围，还能丰富儿童的知识经验，为他们提供表现与表达的机会。节日活动中的音乐活动通常是指为庆祝节日而组织安排的各类音乐表演和娱乐活动。通过编排和表演适合节日气氛的音乐活动，不仅能让儿童更好地感受节日的快乐，更能提高儿童的音乐素养。

在节日活动中，我们应充分发挥儿童的主观能动性，提供选择节目的机会，让每个儿童积极地参与到活动中，如可以让他们自愿报名担当小主持、小导演等，提高儿童的表现力和自信心。在活动形式上，应充分考虑儿童的年龄特点，采用亲子活动、表演展示、师幼歌舞等丰富多彩的形式提高儿童对活动的兴趣。在活动组织上，可以让各班的独立活动与幼儿园集体活动相结合，让不同年龄段的儿童互相学习，加强交流。另外，节日活动的时间长短要控制得当，以免儿童过度疲劳和兴奋。

3. 自发的音乐教育活动

自发的音乐教学活动的主要模式是指这类教学活动的发起人不是幼儿教师，而是由儿童作为发起人主动发起的教学活动。在这一过程中，可以让儿童得到较多的发挥空间，儿童通过对自己学习方案的设计，从而提升自己的学习参与度。

4. 潜在的音乐教育活动

潜在的音乐教育活动是指没有固定的教学方案，在不经意间形成的一类活动。这一活动不受任何教师和儿童的控制，是随机产生的，能为儿童带来的教育价值是不可估计，无法预见的。它的来源方式有许多，可能是源于社会实践，也有可能源于儿童身边的日常活动。由于这种活动形式具有灵活性和不确定性的特点，所以教师在进行这类活动的时候要综合影响儿童的各种因素，注意与家长和相关人员及时进行沟通，使各方资源形成教育合力，加强对儿童的正确引导，对儿童进行正面教育。

二、社会、家庭中的音乐教育活动

儿童所接触到的第一个教育人就是父母，而与父母生活的家庭环境就成为儿童开始学习的起始点。家庭风气和家庭教育对儿童各个方面的发展起到奠基作用。随着社会文化的不断进步和家长教育观念的不断更新，作为家庭教育的实施者，家长从胎教开始就非常注重儿童的音乐教育。实践证明，现代社会、家庭的音乐启蒙教育对儿童的身心发展、智力开发都有着特殊的作用。

（一）家庭中的音乐教育

1. 家庭音乐教育的意义

孩子一降生就生活在家庭成员营造的家庭环境中，孩子幼小的心灵能够感受到家长对自己的关爱，从而形成最初的安全感和归属感。例如，母亲在哄孩子入睡时唱的《摇篮曲》，能够让孩子在安静、轻松的氛围中入睡，潜移默化地影响孩子的听觉，提高孩子对音乐的兴趣。良好的家庭音乐环境能够促进孩子听觉器官的发展，提高孩子的音乐能力，促进家长和孩子更亲密地交流，对孩子今后的生活起到积极的促进作用。

（1）家庭环境的好坏对于儿童在幼年时期形成健全人格具有很大的影响，一个具有较高素养的家庭会为儿童营造一个积极向上的生活氛围。如果家庭中的每一位成员都很注重对于音乐方面的修养，那么儿童就会在幼年时期对音乐产生浓厚的兴趣。因此，在儿童大脑没有完全发育成熟之前对其进行音乐教育，能够更好地开发儿童的大脑神经，促进儿童抽象逻辑思维、想象力、记忆力和创造力的发展，同时良好的音乐教育能够促进儿童良好性格的形成，从而影响他们一生的发展。

（2）儿童对于音乐首次接触就是在家庭环境中，这是父母为他们带来的第一份音乐教育。若父母重视对儿童的音乐教育并从小对其进行音乐熏陶，这样的儿童在音乐的感受力、理解力、表现力以及节奏感、音准等方面都会有明显的优势。当家长在儿童幼年时期就对其进行基本的音乐教育，会使儿童在进入幼儿园时对于音乐方面的学习更为轻松。因为这类儿童较其他没有接触过音乐教育的儿童已经掌握了一定的音乐基础，对于知识的吸收效果会更好，并且会促进儿童对于音乐学习的兴趣。

2. 家庭音乐教育活动实施的方法

（1）在儿童的音乐教育中，家长要为他们营造一个良好的学习环境，并且为儿童的音乐学习树立榜样。家长应首先培养自己对音乐的兴趣，在家庭中设置充足的音乐元素，营造良好的音乐氛围，并用合理、健康的方式对儿童进行教育引导，和儿童一起欣赏音乐；在轻松愉悦的家庭氛围中，儿童自然会受到熏陶和感染，积极参与音乐活动并从中体会到音乐带给自己的乐趣。

（2）培养儿童的音乐感受力。儿童对音乐的接触都是从倾听开始的，家长应重视儿童的音乐欣赏活动，引导儿童感受音乐旋律、音乐节奏、音乐形象和音乐感情，引导儿童倾听音乐中的故事，并学会表达自己的情感。父母在对儿童进行音乐教育时，可以家庭为主要的教学环境，在家庭环境中播放可以丰富儿童听觉的音乐，并且带着儿童一起去做一些有关于音乐方面的娱乐游戏，让儿童在轻松愉快的氛围中将自己的音乐修养得到有效提升。

（3）培养儿童的节奏感。儿童对音乐节奏的感受在很小的时候就能够明显地表现出来，如在他们还不会行走的时候就能够跟着节奏，用手势和肢体来表达对节奏的感受。因此，节奏感的培养应根据儿童的年龄特点尽早地进行。随着儿童年龄的增长，他们逐渐会在生活中寻找节奏，例如妈妈的脚步声、小动物的叫声、汽车的喇叭声等。作为家长，要时刻关注儿童在学习音乐过程中，对于音乐节奏及其旋律的把控。试着引导儿童在听音乐的过程中，运用相关的肢体语言将音乐中所要表达的情感表现出来。

（二）社会中的音乐教育活动

儿童除了从家庭环境或者幼儿园环境来获取音乐教育之外的场所，都可以归纳在社会音乐教育活动中。这一类的活动范围较广，并且获得来源的方式较多。例如，去音乐厅听一场交响乐，能够让儿童身临其境地感受音乐的氛围和效果。通过这种形式，儿童能够更直接、更直观地看到、听到、感受到音乐的魅力，比在家庭和幼儿园中的音乐活动更生动、更真实，更有利于儿童接受和记忆，更好地唤起儿童学习音乐的美好愿望。作为家长和教育工作者，应学会为儿童筛选优秀的音乐作品和素材，为他们创设健康优良的社会音乐环境。

第三节　学前儿童音乐教育活动的组织实施

一、学前儿童歌唱活动内容的选择和组织

（一）歌唱活动材料的审美性

学习音乐的过程中可以提升我们对美好事物的审视能力，同时也可以提升我们在思考问题方面的智力。所以，家长会让儿童对音乐教育进行学习，目的是通过音乐的方式提升儿童的审美能力。如何来定义音乐是否可以对提升儿童的审美有所帮助，就需要教师选择具有美感，并且适合儿童年龄段欣赏的曲目。音乐所指的美感体现在歌词是否优美、旋律是否动人、节奏是否合理、所表达出来的情感是否富有价值。

（二）歌唱活动材料的教育性

儿童在幼年时期都会对朗朗上口的歌曲产生兴趣，因此对儿童进行音乐教育是非常有必要的。我们可以通过音乐的方式，让儿童对未来的生活产生美好的向往及其提升儿童的道德修养。

（三）歌唱活动材料的适宜性

教师在对具有美感的音乐曲目进行选取时，一定要考虑到是否适合当前年龄段的儿童欣赏。选择适宜的曲目才可以对儿童的未来发展具有一定的指导意义。

1.歌词的选择。在为儿童选择适合的音乐教育题材时，一定要注意所选的题材要保证歌词简单，内容容易理解；歌词形象鲜明，适宜用动作表现或进行游戏。幼儿天性好动，感情外露，因此唱唱跳跳、唱唱玩玩自然成为他们最喜爱的一种音乐表现活动。

2.曲调的选择。对儿歌的选取，除了需要注重歌词的内容，同时曲调也是非常重要的一个要素。

首先，需要寻找一些结构简单的曲目，适合儿童歌唱。由于儿童处于幼年时期，还没有形成较为完善的声线，且这时儿童的声带较为脆弱，不能歌唱过于激烈的曲子，会导致儿童的声音质量受损，因此只能歌唱一些较为简单，不需要太多技巧的曲目。

其次，在选取曲调时也应注意整体歌曲的节奏感，要选择结构感较强、记忆点较多，让儿童歌唱起来朗朗上口的曲目。这些简单的曲调才是适合幼年儿童进行歌唱的曲调。

最后，在对曲调的旋律进行选取时，要尽可能地选择跨度较小，不会产生过多高音或者低音的曲目。旋律起伏太大的歌曲，会使儿童没有办法达到预期的演唱效果。

（四）活动材料的丰富性与多样性

在为儿童选取歌曲时，要注重题材的丰富性与多样性。由于儿童在幼年时期，对许多事物都怀有新奇的态度，因此教师要抓住儿童的这一特征，在音乐学习的过程中加入较为丰富的各种事物吸引儿童的注意力，进而增添儿童的各类情感需求；还有反映社会生活、节日、幼儿熟悉的成人劳动生活等题材的歌曲。为儿童选取适宜的曲目之后，教师可以组织形式多样的演唱活动，让儿童有独自表演和集体表演的机会。儿童通过不同形式的演奏可以感受到音乐演奏的丰富多样性，有利于儿童的身心健康以及对审美的提升。

此外，教师还应根据本班幼儿的实际情况，选择富有中国各民族风格及国外脍炙人口且民族风格浓厚的幼儿歌曲，组织幼儿进行感受与表演。

（五）学前儿童歌唱材料的分析

在对儿童进行音乐传授的过程中，如果想让儿童对音乐知识的吸收有较好的效果，就需要教师在课程开始之前，先对自己选取的曲目有非常深刻的了解和严谨的分析。首先，需要教师对选取的歌曲进行反复研磨与歌唱，了解到曲目中所要传递的情感，并将自己的想法与理论实践相结合记录在教学方案中，将音乐中所包含的词、曲、意都进行严谨的分析。最重要的是需要教师在对音乐题材进行分析时，找出音乐中的重点知识，对儿童进行针对性的讲解，才可以使儿童真正意义上提升自己的音乐修养。

二、学前儿童韵律活动内容的选择

（一）动作材料的选择

1. 动作的类别

音乐与舞蹈是相通的，通过音乐所传递出的情感会使我们的肢体情不自禁地舞动起来。伴随着音乐的肢体动作，可以分为简单的模拟动作、基础的动作以及进阶式的舞蹈动作。

2. 动作的难度

学前儿童因年龄的不同，对知识的吸纳能力也不相同，在动作掌握的程度上也存在着差异，年龄较大的儿童具有较强的肢体表达能力，而年龄较小的儿童在这方面的能力就会相对较弱。所以，在对动作进行选择时，一定要注重为不同年龄段的儿童选取难度不同的动作。

（二）音乐材料的选择

为学前儿童随乐运动教育活动选择的音乐材料总体上应具有以下特点：

1. 节奏清晰，结构工整

随乐运动教育活动具有非常严格的标准，此类活动表现出音乐节奏的工整性及舞蹈动作的规范性。正是这种简单又明确的音乐节奏及简单易懂的歌词，是儿童在学习音乐的过程中感受到轻松愉悦的心情，并且可以随着音乐舞动起来。

2. 旋律优美，形象鲜明

无论成年人还是儿童，对于音乐的感觉都是互通的，大家都会被旋律优美的音乐所吸引，激起他们探索音乐的热情。在对儿童的音乐进行教育时也是一样的，优美的旋律以及鲜明的形象都可以使儿童在学习音乐时不自主地模仿。

3. 速度适宜

由于儿童的年龄较小，因此在学习歌曲或者舞蹈动作时，接受能力较弱。随乐运动教育活动的音乐速度应适中，如果在随乐运动的活动中将音乐的速度放得过快或者过慢，都会打乱儿童以往的音乐节奏，导致对动作没办法熟练地掌握。因此，在学习的初级阶段，要尽可能地将音乐速度放慢，让儿童有时间对舞蹈进行练习与研究。当儿童可以熟练地掌握舞蹈动作时，可以适当地音乐速度。

4. 一曲多用或同一动作选择同性质的多首曲子

为了更好地发展儿童听音乐表现动作的能力，不能简单根据音乐条件反射地做动作。教师在教儿童舞蹈动作时，需要遵循一曲多用的原则。这也就是说，要找出同类型的音乐，然后归纳总结在一起为儿童进行讲解，如果曲意相同或相似的作品，可以用同一个舞蹈动作进行表演。

（三）道具的选择

在学前儿童随乐运动的教育活动过程中，大部分情况下并不需要使用道具。如果需要，选择使用的道具应具备以下特点：

（1）所选的道具应比较新颖有趣，有助于增加活动的趣味性，增强动作的表现力。

（2）操作简便，不妨碍幼儿的动作表现，不会干扰幼儿的注意力。因此，道具不可太大、太重，使用应方便。道具的使用不应干扰幼儿的音乐表现，或者分散幼儿的注意力。

（3）增强幼儿的美感，引发和丰富幼儿对音乐及动作的联想与想象。道具不可过于粗制滥造，造型、色彩等方面应富于美感。

（四）学前儿童随乐运动教育活动材料的分析

教师选择好随乐运动教育活动材料后，首先，需要对该音乐材料进行分析，分析该音乐的情节、节奏、结构及主要表现手段，思考引导幼儿感受与体验音乐的重点；其次，教师还必须分析其动作材料，在了解本班幼儿动作发展水平的基础上，找出基本动作教学创编的难点，并思考解决与突破的方法与策略；最后，教师还要考虑是否需要准备道具、哪些道具是必要的、怎样引导幼儿运用道具等。

三、学前儿童打击乐器演奏教育活动内容的选择

（一）打击乐器演奏材料的选择

1. 乐器的选择

幼儿园常用的打击乐器中，音量较小的高音乐器有小铃、三角铁、双响梆子等；音量中等的乐器有沙球、铃鼓等；音量较大的低音乐器有鼓、大钹等。有条件的幼儿园还可配备木琴、钢片琴等带有旋律的打击乐器。

2. 音乐的选择

为打击乐器演奏活动选择相关音乐作品时，应符合以下基本条件：节奏明晰、结构工整、旋律优美、形象生动鲜明。教师在教授打击乐器时，宜选择幼儿比较熟悉的音乐作品，音乐作品的长度不宜太长，尤其年龄越小的儿童选择音乐的长度应更短，节奏应十分简单清晰；音乐的结构不宜太复杂，小班一般适宜一段体，中、大班的音乐可以是一段体，也可以是二段体或三段体，但段落之间的对比应较为明显。

（二）配器方案的选择

幼儿园打击乐曲在设计配器方案时应注意适合幼儿的实际能力，配器要讲究艺术性。

四、学前儿童音乐欣赏教育活动内容的选择和组织

（一）音乐欣赏作品的选择与组织

儿童在对音乐进行学习的过程中，除了实践的歌唱练习，还需要具有对音乐的鉴赏能力。在对鉴赏作品进行选取的过程中，应当注意选择对儿童的人生方向具有指导作用的曲目，并且以丰富儿童的情感为主要目的，对题材进行合理的选择。

审美性主要指的是音乐作品要有较强的艺术性，音乐形象鲜明，无论在听觉、视觉等方面都能给欣赏者以审美的享受。

教育性主要指的是音乐作品的艺术形象应积极向上，有助于陶冶与丰富幼儿的心灵，激发幼儿热爱生活的愿望，熏陶幼儿健康的审美情趣。

（二）音乐欣赏辅助材料的选择

在对音乐作品进行鉴赏的过程中，除了利用听觉进行评价以外，还可以借助辅助类手段对音乐进行鉴赏，以此来使音乐得到更好的传递。所以，在引导幼儿欣赏音乐作品时常常要配合辅助材料，常见的有动作材料、视觉材料、语言材料等。

动作材料主要是指在音乐作品中可以使音乐的各类要素得到更好的表现力。但是这些题材中的动作应当具有简单易懂性，因为它的受众人群是儿童，需要让儿童在看的过程中可以看懂作品所要表达的含义，这样才可以实现动作材料辅助的真正价值。

视觉材料是以丰富音乐的内容为主要目的。教师可以安排儿童在欣赏音乐的过程中，运用多媒体的方式将音乐所表述的情节，通过鲜明的色彩与丰富的剧情向儿童展示，音乐视频的主要内容应与音乐所表达的情感保持一致。这样才可以使视觉材料起到应有的作用，并且儿童在观看视频的过程中可以产生无限的遐想，这对于儿童在音乐创作方面具有很好的作用。

语言材料的选择应与音乐的情感基调相一致，有助于幼儿产生相似的情感体验，达到艺术沟通的效果；同时必须语言优美、文学性强，能为幼儿所理解、接受与喜爱。例如，欣赏舒曼的《梦幻曲》时，辅以教师的配乐散文朗诵《梨子小提琴》，则有助于幼儿更好地理解音乐的意境，达到情感沟通与交流的效果。

第四章　学前儿童音乐教育的实施与评价

第一节　学前儿童音乐教育的理想与目标

一、学前儿童音乐教育的理想

在如今的社会条件下各行业都在网络媒体技术的推动下不断探索革新，技术带给人们便利与利益的同时，也带来负面效应。在各行业扩展经营范围的过程中不仅破坏社会外部的客观环境，还给人们的精神层面带来压力。在众多熏陶人精神境界的事物中，音乐有其独有的地位和作用，使人们在满足基本生活需要后希望向更高的层次扩展。为了守候与捍卫这一精神家园，音乐教育应从学前阶段开始，摆脱各种非审美的功利目的，坚持正确的教育理想与目标，真正焕发学前儿童的音乐兴趣与音乐灵性，培养健康快乐、全面和谐发展的新时代人才。

（一）学前儿童音乐教育的目标

对学前儿童进行基础的音乐知识讲解和氛围熏陶主要是想借此丰富儿童的性格，并不是让其以后成为专业的音乐界人士，也不是让儿童扩展业余活动，其主要的目的是建立适合儿童的审美品位。儿童在幼儿时期经历长时间的音乐学习熏陶可以扩展其交往面和沟通方式，将音乐无杂质的风格特点带入自身的生活，大幅度满足儿童除学习外的其他需求。

对学前儿童进行音乐教育主要是先营造适宜的乐调气氛，在音乐知识的讲解中逐渐使儿童明确音乐对于其生活的乐趣。在不断掌握新音乐的过程中还可以拓展儿童其他方面的学习能力，使儿童成长为各方面完善的接班人。

因此，对学前儿童进行音乐教育要注意培养其审美，关注其心理接受状态。

（二）学前儿童音乐教育的核心

学前儿童的音乐熏陶需要关注哪一方面？什么样的音乐教育能有效焕发学前儿童的学习兴趣与生活热情，真正促进儿童情感、态度、能力、技能以及个性与社会性等方面全面和谐地发展？这些都是对学前儿童开展适宜的教育方式需要关注的各个方面。

根据国家颁布的关于学前儿童的教育发展方案，可以明确对于学前儿童来说掌握音乐的方法需要应用于学前儿童生活的其他方面。因此，培养出学前儿童对音乐方面的兴趣后，儿童会在生活中的更多层面发现乐趣点，能更加勇敢地在其他伙伴面前展示自己，同时在班级内部的活动中还可以发掘出儿童的创造潜力。概言之，审美与快乐是学前儿童音乐教育的核心要素。

1. 审美

审美的含义主要指人对其他事物的感受能力，对其他不同类型的现象有怎样的评价方式等。这是在人与具体的物体现象之间发生的，也是人特有的判断感受不存在于其他主体。学前儿童音乐审美是指学前儿童在教师的引导下，对音乐作品的审美特征进行审辨、感受、体验、判断、评价和能动创造。因此，对审美进行定义不能只从一个方面解析，还要关注到审美与人们精神层面的联系。

成年人在感知音乐的过程中会伴随音乐节拍的起伏而产生不同的心理变化，然后在整首节奏中寻找自身的契合点，这就是人们体验美感的过程。"美感"一词具体来看是指从人们接触新事物到头脑中反映出对新事物感受的整个过程，也是人的各身体器官和精神层面的融合体验。对于学前儿童来说，音乐教育中的美感就是要培养其主动参与的热情，儿童通过参与音乐相关的其他活动可以带来自豪感和信心。并且人的美感是主观性行为，在解析其具体特点和表现形式时需要和人的心理情绪相联系。

2. 快乐

人们的情绪是精神层面的各类因素中最易受外部条件影响的部分，其转变过程和表现不易归类解析。在情绪中较为向上的状态就是快乐，人处于这种状态下也会推动自身去积极完成其他事情。

学前儿童在音乐活动中的快乐主要表现在以下三个方面：一是身体运动与游戏的快乐，这是指音乐活动的内容、形式、方法等符合学前儿童的身心特点，满足其好动与游戏的天性，儿童能在音乐活动中获得运动与游戏的快感；二是沟通交际与受到认可的快乐，这是儿童可以通过交流音乐内容与其他伙伴建立新的谈话，同时在各类音乐活动中还可以展示自己的其他能力或向更深的层面探索，儿童的掌握成果会得到身边人的肯定与认可；三是美感体验的快乐，也就是儿童在欣赏各类音乐过程中找到与自身契合的乐趣点。

因此，对学前儿童进行音乐熏陶的首要目的应该是培养适宜儿童的美感体验，教师的职责是调整干扰儿童感知的外部条件，挑选适合儿童年龄阶段的音乐去吸引儿童的初始兴趣。在儿童进入音乐所营造的氛围后可以启示儿童将自身的生活带入音乐条件下，在其他伙伴面前发表自身独特的感受。其次是将音乐方面的学习乐趣化，音乐本身不同于书本其他学科的知识，具体形式和节奏内容并不固定。所以，可以从儿童喜爱的游戏入手加入相关的音乐方面的知识。

二、学前儿童音乐教育的目标

（一）学前儿童艺术教育的目标解读

在我国以前颁布的关于学前儿童入学过程的各项条例中，关注了学前儿童日常的各个方面，提倡要从小培养儿童不同层次的能力。其中，关于美术与音乐教育方面主要提出要在儿童时期就建立儿童对优秀事物的感知力。2001 年颁布的《幼儿园教育指导纲要（试行）》（以下简称"《纲要》"）是《幼儿园工作规程》（以下简称"《规程》"）的下位文件，它体现了《规程》的基本思想，是对《规程》倡导的教育理念的具体化和延伸。关于幼儿园艺术教育，《纲要》做了以下表述：

1. 目标

（1）能初步感受并喜爱环境、生活和艺术中的美。

（2）喜欢参加艺术活动，并能大胆地表现自己的情感和体验。

（3）能用自己喜欢的方式进行艺术表现活动。

2. 内容与要求

（1）大幅度增加儿童与现实生活的感知面，在接触过程中寻求适宜儿童的美感体验，并尝试引导儿童对更高层次的审美进行创造欣赏。

（2）在音乐赏析的过程中不能片面地听取部分儿童的想法，整个培养活动应该是针对全班儿童开展的，以增加儿童的参与感和体验感。同时，教师还要注意发掘有艺术解析和欣赏天赋的儿童。

（3）教师要给予儿童展示自己的机会，可以通过外部物品和条件刺激儿童发表自己的想法。对于儿童在音乐领悟过程中的发言，教师应该认真听取，对儿童的发现精神予以表扬，激励其继续探索。

（4）教师不只是调动儿童主观参与其他活动的热情，还需要了解儿童性格的不足之处，有针对性地训练其性格和应用能力。

（5）启发儿童将生活中的废旧物品进行改造，可以将旧玩具和旧衣服用于制作新的有用的手工物品。

（6）教师提前营造无其他条件干扰的音乐交流环境，让儿童相互分享自身的感受。

3. 指导要点

（1）带动学前儿童赏析音乐也是为培养儿童的美感体验，通过建立适宜的音乐氛围让儿童在其中感受更多主观方面的感染。对于学前儿童来说，各项比拼和美感体验活动都不能过于注重实际能力，要观察儿童在展示过程中心理层面的转变特点。

（2）学前儿童对外部其他物体的感知和体验会通过其日常的创作来表现，教师可以启发儿童将这些感受分享和书写出来，不能对所有儿童采取一致的检验标准。

（3）学前儿童初始状态下的体验感知能力是固定的，只有不断经过其他事物的刺激才会在体验中持续增加。这时教师的任务就是启发儿童主动地探索美好事物，帮助儿童寻找适宜其年龄阶段的审美契合点，鼓励儿童发表自身对于高层次艺术的理解感受。同时，教师需要关注这一过程中儿童的心理情绪表现。

综上所述，我国以前颁布的学前儿童学习教育的相关条例都从以上几点做出不同要求，都是在大范围内对儿童身边的教师和熏陶环境做出一定的要求，便于教师在满足国家总体需求的情况下组织内容适宜的儿童活动。

根据我国发布的学前儿童教育管理条例进行解析，可以明确教师对学前儿童的教育不只是给儿童讲解相关的艺术知识，应该真正让儿童理解艺术始终是活跃的，不同时期有流行于社会的各种形式，教师可以为儿童选择符合其心理特点的艺术形式欣赏。同时，教师也需要认识到对学前儿童进行艺术方面的教育不同于普通的学科知识教育，要以培养儿童的美感体验为主。

《纲要》不仅明确教师对学前儿童进行艺术方面教育时要从儿童的角度思考，还明确教师要关注儿童在欣赏体验过程中提出的新奇问题和想法。同时，教师应启发儿童有自己对于艺术事物的想法，不盲目听从其他伙伴的意见，敢于与他人展示自身的体验结果。最重要的是无论进行何种形式的艺术层次的感受，教师都要关注儿童心理情绪的变化，确保儿童在学前学校既可以完善自身性格和心理状态，还可以掌握判断事物的新角度，因此综合来看这部学前教育条例既从现阶段儿童特征入手，也融入对儿童未来方向的把控。既将艺术教育放置于"幼儿教育"这一宏观的背景下，又充分考虑了艺术以及艺术教育本身的特点，体现出一种正确的学前儿童艺术教育的价值导向。

根据《纲要》的精神，结合音乐艺术自身的特点与学前儿童音乐能力的发展水平，学前儿童音乐教育应着重体现以下三个方面的教育目标：

（1）教师需要通过种类适宜的音乐先吸引儿童的关注度，使儿童处于教师预先打造好的音乐节奏气氛中，使外部音乐逐渐融入儿童内心。这样儿童就可以在舒适的状态下感知音乐的魅力。

（2）教师可以选择部分乐曲和节奏加入学前儿童的活动中，游戏对儿童来说本身是情绪非常积极的状态，再加之音乐的外部渲染有利于建立儿童之间沟通的平台和切口。

（3）寻找到适宜儿童的乐曲风格不是主要方面，更重要的是在艺术层面的熏陶中发掘儿童的潜在能力，增加儿童未来融入社会生活的接受程度。

（二）学前儿童音乐教育的实施目标

在我国发布的学前儿童教育管理条例中主要指出，对学前儿童进行教育时各学科和活动之间应该紧密联系，从不同方面启发儿童动脑动手，既满足儿童对于艺术层面的知识要求，又可以稳定学前儿童的心理情绪状态。结合国家在艺术方面从"儿童的要求和音乐"

这一形式本身的特征来看，针对学前儿童进行艺术熏陶可从以下三个方面着手：

1. 情感、态度发展目标

情感、态度发展目标即学前儿童愿意积极主动地参与各种类型的音乐活动，能够用自己喜欢的方式进行音乐表现与表达，并在活动中感到满足与愉悦，能够体验并努力追求在音乐活动中大胆表现与合作交流的快乐。

2. 音乐能力与知识技能发展目标

音乐能力与知识技能发展目标即学前儿童在音乐活动中能逐步感受与认识环境、生活与艺术中的美，初步了解与认识各类音乐的艺术表现形式与表现手段，学习与掌握一些必要、粗浅的音乐知识技能，积累音乐活动的相关经验，并在音乐活动过程中逐步发展其审美感知、审美理解、审美记忆、审美想象以及审美创造等方面的能力。

3. 完美人格塑造目标

完美人格塑造目标即学前儿童在音乐活动中能与同伴积极交流，树立合作意识与团队精神，分享各自对音乐艺术的理解与快乐，逐步养成热爱生活、活泼开朗、积极向上、团结合作的良好个性以及文明高雅的艺术气质，达到以美促健、以美启智、以美储德的协调发展，成为一个兴趣广泛、性情高雅、心灵丰富、身心健康的全面健康和谐发展的人。

因此，学前儿童对音乐艺术的赏析应该是儿童从乐调中寻找贴合自身心理状态的音乐，儿童能听懂乐曲表达的内容，并与其他伙伴展示自身对音乐的感知理解。为大幅度增加儿童对音乐艺术的感知力，最适宜的方式是将音乐知识的掌握融入儿童的游戏活动中，完善儿童初始的心理性格特征，而且儿童达到对音乐层面的体验感知后，还能提升在其他方面的兴趣。

第二节　学前儿童音乐教育的原则与途径

一、学前儿童音乐教育的原则与策略

（一）学前儿童音乐教育的基本原则

对学前儿童开展音乐层面的教育核心虽然是相关音乐知识，但也要以儿童喜好的游戏作为支撑。教师应该将与学前儿童有关的各学科融合展开，时刻关注儿童在音乐氛围中的感受和体验，启发儿童将自身的感受与其他伙伴进行表达。因此，对学前儿童进行音乐艺术的培养要把握住儿童的美感方向和情绪状态。

教师要选择适宜儿童生理特征的乐曲创造艺术气氛，通过乐曲本身的节奏吸引儿童的兴趣，使儿童在课堂上接触到的美妙音乐在生活中也可以得到发掘。教师应该将儿童置身于优秀乐曲的感染中，通过音乐活动的形式带动儿童想象乐曲描绘的具体画面，儿童可以将自身的感受表达给教师或者家长，也可以将其书写在纸上，大幅度地提升儿童的感知层次。

"音乐"这类形式被大多数人喜爱不仅依靠适宜的曲调和节奏，它能有巨大的吸引力还在于每一首音乐都包含独特的情感。儿童也是如此，他们可以在聆听的过程中体会乐曲的情感状态。

对学前儿童开展音乐教育还应该注重课堂氛围是否积极欢乐，各类乐曲是否与儿童喜爱的游戏融合。儿童在音乐氛围中应是主动积极地接受新内容，身体和心理两个层面同时发挥作用，并且儿童还可以用音乐作为切入点和其他伙伴沟通，听取他人经验以提升美感体验的层次。在这个过程中教师需要注意不能再将儿童固定在教室内系统地讲解音乐知识，这类形式不适用于目前提倡的快乐课堂氛围。除了游戏的快乐外，"快乐"还包括整个活动张弛有度、幼儿不疲劳、不紧张以及活动中不断获得成功体验等。

（二）学前儿童音乐教育的实施策略

依据《纲要》的精神，学前儿童音乐教育在实施过程中应遵循以下策略：

1. 体验性策略

对"学前儿童"这一年龄段来说，音乐层面的教育不能只停留于让儿童听节奏欢快的音乐，应该培养儿童对音乐美感的感知。只有教师事先创设好相关的音乐气氛，儿童才能迅速融入其中体验感受音乐的魅力。如果没有进行预先情境的营造，儿童便不能有很好的体验感和理解力。

在具体操作过程中，教育者应尽量做到以下几方面：

（1）启发儿童在表达自身体验时描述出身体各器官的感受状态。有学者指出在接触新事物的过程中，如果不能有各器官共同参与，感知到的情况始终是表面且不全面的。尽管音乐体验以听觉为主，美术体验以视觉为主，但是在音乐教育中教师应尽可能地调动儿童多感官参与体验，有效增强儿童的音乐感受。

（2）关注儿童处于音乐感染气氛下情绪和美感体验方面的状态。教师应克服音乐教育中重视教育结果而忽视音乐活动过程以及儿童的情感与态度的倾向，鼓励儿童大胆参与，敢于自主、创造性地进行各种音乐感受与表现活动，并在音乐活动过程中逐步培养儿童健康向上的审美态度与情趣。

（3）"音乐"这类自由的艺术内容最强调人亲身的体验感。教师不能将儿童固定在教室内听音乐，应切实应用国家提倡的艺术科目培养方案，让儿童自身不断接触新的音乐类型内容，同时以愉快轻松的情绪状态去感知。

2. 游戏化策略

对于学前儿童来说，最喜爱的事情就是和其他伙伴一起做游戏。在这一年龄阶段的观念中，"音乐"这类艺术形式的学习起始并不是主观愿意的，也并不知道其对自身精神层面有何种意义，一开始是在教师或者其他外部刺激下产生对音乐的兴趣。但将音乐层面的欣赏与做游戏相比，儿童更倾向于体会玩耍过程中带来的愉悦感。因此，可以将音乐与游戏相结合，使游戏成为支撑儿童感知音乐美感的骨架。这样一来，儿童在音乐游戏的过程中既可以得到心理上的愉悦感，也可以满足教师对于其音乐专业方面的要求。

因此，教育者必须做到以下几方面：

（1）挑选操作性强且活跃度较高的音乐内容，在乐曲节奏变化中吸引儿童的兴趣。音乐内容活泼有趣，充满故事性与活动性，一下子就能吸引学前儿童的注意力并积极参与，让儿童在游戏过程中体验快乐并获得情感共鸣，从而激发其对音乐的兴趣。这种属于从内在方面启发儿童参与音乐内容的体验，对于学前儿童来说会带来极大的快乐感。

（2）在固定的音乐内容中插入儿童感兴趣的游戏，启发儿童的愉悦感。"学前儿童"这一年龄段沉溺于和伙伴做各类游戏，追逐过程中带给儿童自身的快乐感。但是当音乐艺术与游戏结合后，这一新事物对儿童具有更大的诱惑力和引发儿童的兴趣，这样儿童潜在的艺术特征才有可能被教师发觉。因此，对学前儿童进行音乐艺术教育不能固定于传统的讲授形式，要使音乐成为儿童的伙伴，让儿童带着音乐一起完成教师规定的任务，使课堂整体气氛更加活跃。从新节奏的感知到每首曲调的跳跃调转，教师都可以借助游戏让儿童体验节奏变换的感觉，同时达到对积极的学习氛围的要求。

（3）营造以游戏为支架的音乐艺术教育环境，激励学前儿童产生自豪感。游戏作为支撑音乐教育的骨架，不能局限于在相关内容和架构方面进行支撑，在精神层面还需要渲染儿童对音乐内容的看法。儿童内心有他们自身关于游戏精神的概括，中心思想是愉快、自由和舒适。因此，教师带领儿童进入音乐层面后，也应该保持儿童的精神层面是舒适和自由发散的，这样儿童才有机会向教师解释自己独特的艺术感知。另外，教师最应该做的是预先建立轻松的音乐活动状态，给予儿童发言和展示的空间，并肯定儿童的正确感知结果。想象是"学前儿童"这个年龄段最不缺乏的特征，儿童可以将想象力发散在生活的各个方面，如游戏和音乐感知活动。想象力的应用可以使儿童在传统的音乐接受中有更多的愉悦感产生，使儿童的精神状态十分活跃。

3.生活化策略

"音乐"这类艺术形式最初也是在日常生活中寻找基础，从生活中汲取情感和事例，因此对学前儿童进行高层次的音乐熏陶也需要从生活状态入手。

教师在操作过程中，应努力做到以下四点：

（1）在生活中积累与丰富儿童的音乐经验。在学前儿童的生活周围，充满了丰富多彩的自然音乐资源、民间音乐资源以及现代化的视听音乐资源，这些都是学前儿童音乐教育的宝贵教材。我们要利用一切机会，自然、有意识地引导儿童体验周围生活的音乐美，让儿童从小对周围生活中的声音、形象、色彩等有敏锐的感觉、细微的辨别能力，并使这种经验成为儿童理解音乐的基础。同时，教师应有意识地在生活中引导儿童观察，有选择地积累与丰富儿童的音乐经验。

（2）打造适宜学前儿童生理阶段的音乐氛围。对这一年龄阶段的儿童来说，身边更多地出现哪类事物就会倾向于对这类事物更加感兴趣，因此教师和家长带给儿童的应该是高雅的乐曲和节奏的聆听，减少儿童对音乐内容的陌生度。例如，学校可以在儿童早上进入学校前和即将放学这两个时间段播放不同的音乐，使儿童在空闲时间感知音乐节奏；在幼儿园的走廊、过道等区域因地制宜地设置"音乐区"或"音乐小舞台"等，将幼儿自制的音乐图谱、音乐画以及音乐家的画像等张贴在墙上，供儿童随时欣赏与表演。

（3）挑选符合学前儿童生理阶段的音乐内容。学龄前儿童感兴趣的方面主要集中于游戏和玩耍，因此教师可以挑选演唱游戏内容和生活过程的音乐。启发儿童对于生活中一些事物的表达不只局限于谈话沟通，还可以通过唱歌写词的方式表达自身感受，在一定程度上拉近音乐内容与学前儿童之间的距离，使儿童理解原本精简的音乐词语可以更加清晰。教师还可充分挖掘丰富的乡土音乐资源，选择幼儿生活中经常耳濡目染的乡土化、本土化的音乐，构建反映儿童周围生活的园本音乐课程或地方音乐课程，使儿童逐步了解并热爱本地区、本民族的音乐文化。

（4）启发儿童用不同形式的音乐体现自身的日常生活。教师应积极创设条件，鼓励并引导儿童在日常生活中用歌声、肢体动作等音乐方式表达情感、相互交流思想；带领儿童对家中废弃的布料和旧玩具进行收集，将其加工成家里可用的带音乐符号的手工艺品，使音乐遍布于儿童生活的各个角落。

4.个性化策略

"音乐"这类艺术形式包含的种类很多，每个儿童都可以从不同的音乐风格中找到吸引自己的层面。同时，不同儿童原始生长状态不一致，会干扰其对音乐类型的选择和把握，每个儿童对音乐都可以有自身的感知体验，因此音乐也是个性化特征明显的艺术形式。儿童在"学前"这一阶段，教师比较容易观察到其在哪一方面有不足，因此教师在进行音乐教育的过程中要关注儿童发言的内容。

（1）教师要增加儿童在课堂上接触的乐曲数量和类型，尊重儿童自主判断的音乐风格。教师应尽可能地为儿童提供多样化的材料以供选择，在选择教学内容时还应充分考虑儿童的性别或性格差异，适当提供不同特点的音乐素材与道具，尤其是富有阳刚之气的音乐、动作道具等供男孩选择，克服由于女教师太多而造成的女性化音乐表演倾向。

（2）尊重儿童在音乐活动过程中对各类音乐内容的表达解释，使儿童不带其他杂质感知乐曲内容。即使是同一首音乐不同的儿童也会有自己的体验想法，教师不能批评儿童的个性化感知。儿童尚处于形体和心理都在发展的时期，教师的任务就是扩大儿童的感知面，儿童有丰厚的底蕴后自然会有自身的选择标准，使儿童最初的纯真保留在心底。

（3）从长远的视角评判儿童的音乐选择和感知。不同的儿童由于原生家庭环境的不同会导致喜好的音乐类型有所差异，但各个音乐风格的存在都有其意义和受众。因此，教师不能局限于当前阶段片面地评价儿童目前选择的音乐种类，教师需要真正了解不同儿童的兴趣点和发掘儿童音乐方面的潜力，教师要尽最大的能力提升儿童原本擅长的音乐部分，针对不同儿童的特征进行特别的关注和教育。

二、学前儿童音乐教育的内容与途径

（一）学前儿童音乐教育的主要内容

在我国现阶段的学前教育领域主要的讲解内容集中于唱歌、音乐游戏、乐器演奏和跳舞几个方面，还有其他教师会对儿童拓展优秀音乐片段聆听等。另外，幼儿园内部以音乐为核心融合其他学科讲解要点进行形式上的创新，开办多种多样、别具特色的教学活动。

1. 歌唱

传统意义上的歌唱就是人们用自己的嗓子演唱带有一定节奏的词语，对学前儿童进行歌唱方面的教育主要指让儿童演唱符合其年龄段的乐曲，或是选取适宜的音乐朗读诗歌、古诗等，在儿童有一定基础后还会向儿童讲解演唱时需要用到的技巧和发声等知识。歌唱活动能全面提高儿童运用歌声表达思想、交流情感的能力以及正确发声与歌唱技能，促进学前儿童舒适地、有理解力地和有感情地歌唱。

2. 音乐欣赏

音乐欣赏主要是通过倾听音乐作品、观赏音乐表演以及聆听周围环境中的各种乐音获得审美享受的音乐活动，它是儿童感知理解音乐、体验音乐情感、探索音乐世界的一种重要的音乐教育实践活动。在儿童时期就对其进行音乐方面的外部熏陶，主要目的是扩大儿童接触的艺术知识面。使人在幼年时期就可以感知到更丰富的音乐种类，在长久的音乐聆听中培养儿童在音乐方面的美感。同时，也可以大幅度地提升儿童精神层面情绪的稳定性。

3. 韵律活动

韵律方面活动的主要内涵是人跟随音乐节奏的快慢、急缓进行相应肢体的摆动。对音乐来说，整首歌曲的节奏是支撑整个音乐演奏的支架，因此无论想学习哪个方面的音乐内容，都需要先对不同类型的音乐节奏有所把握。将韵律和节奏的概念与重要性带入学前儿童的音乐教育活动中，可以明确这一阶段主要是锻炼儿童跟随音乐的不同变换调整肢体的频率和动作幅度。学前儿童在入学进行系统的音乐艺术方面的熏陶之前，这一年龄段的肢体本身就会对音乐的节奏变化有所反应。而教师主要就是将这一反应与具体的节奏和韵律相结合，使反应的表现更加明显和可控。让儿童的肢体跟随乐曲节奏进行摆动可以有效拉伸儿童的四肢，对国家提倡既要教育也要保持运动量有一定的促进作用。

4. 打击乐器演奏活动

从人类有记录的音乐发展历史来看，打击类乐器是年代较久远的乐器种类，并且打击类乐器较其他类型的乐器来说可操作性更强，即使是学前儿童也可以掌握节奏简单的打击类乐器的演奏。另外，打击类乐器的种类较多，一般来说，多种类型的打击类乐器混合的音乐效果更好，因此比较适合学龄前儿童与班内其他伙伴配合完成，同时在整个演奏过程中还可以提升儿童关于团队协作方面的体验感知。

5. 音乐综合艺术活动

对学龄前儿童进行教育应该同其他年龄段的学子一样，从各方面入手建立系统完整的培养和评价体系。而对学前儿童进行音乐方面的综合教育也是如此，教师不能将思维固定于通过课堂对儿童讲授专业音乐内容，可以将各学科的讲解模式与音乐相结合。其中，音乐、美术、文学等艺术形式相互之间有着许多内在的一致性以及相通之处，如乐曲的节奏在一首歌曲里持续变换和儿童画画时的线条一样，都是在不脱离主线的情况下在合理范围内带给人们不一样的感受。通过一定的主题，将这些艺术形式按照一定的规则进行整合，能提高儿童多种心理机能的协调作用，积累儿童心灵中的联觉经验，并逐步形成儿童的综合艺术智慧。

（二）学前儿童音乐教育实施的基本途径

对于儿童开展音乐方面的教育途径主要就是学校内采取怎样的课堂形式讲解音乐内容。由于学龄前儿童的年龄段使其心理和心智尚未完全成熟，因此对其进行音乐方面的教育不能局限于一种方式、一个地点，可以让家庭内部和社会相关组织互相配合。就幼儿园一日活动而言，儿童接触音乐的途径以及教师进行音乐教育的途径也是多种多样的，而分类的标准各不相同。根据各类音乐活动举办者代表身份的不同，可以划分为有教师带头进行的音乐学习活动，还有儿童主动参与建立的音乐内容交流形式；从各类音乐活动带来的效应方面，可以划分为表现性的音乐讲解课和隐含性音乐内容的学习。下面，我们分别从集体性音乐活动、音乐区角活动、渗透性的音乐活动等幼儿园音乐教育实践中常见的几种形式进行说明。

1. 集体性的音乐教学活动

在学校范围内的集体音乐活动主要是教师在学校领导的要求下开办的活动类型，其范围包括在学校内部的全部师生。这一类型的音乐才能培养活动以教师为核心，活动的具体形式、内容和场地场馆都由教师完成安排，但其主要目的还是帮助儿童形成适合自身的音乐学习框架。通过课堂上对音乐方面内容的把握，可以在生活中自觉赏析不同类型的音乐。

集体性音乐教学活动的教育目标比较明确，但组织时教师应根据儿童的年龄特点、兴趣、经验等，选择适宜的音乐教育内容，以多样化的教学模式，促进儿童主动地感受、理解、学习音乐并大胆、创造性地表达个人的思想，促进儿童音乐能力与技能的协调发展。同时，教师还要随机引导幼儿在音乐教育活动中学会学习、学会与人沟通与合作、学会以适合的方式表现自己等，真正促进其身心和谐发展。

由于儿童年龄段的心理和生理方面不成熟且存在一定的局限性，其兴趣和注意力容易被许多外在因素吸引，因此对学前儿童进行集体类型的教育活动时间不能持续太久。随着学龄前儿童的年龄逐渐增长，对其进行集体性教育活动的时间可以逐渐增加。因为随着年龄的增加儿童身体和心理状态逐渐平稳，对一件事情的关注度的持续时间大幅增加，同时可以判断选择自身参与事情的层次。

2. 音乐区角活动

幼儿园内部的音乐角通常在娱乐活动室中单独辟出一角作为音乐区角，主要目的是让儿童在其中可以随意操作。幼儿能够在这一区域中，按照自己的兴趣、能力以及自己确定的学习进度去自由使用、摆弄这些丰富多彩的音乐材料，每个儿童都有机会在音乐方面有充分表现与练习的机会。

相对于集体性的音乐活动，音乐区角活动的组织方式比较自由，可以灵活采用小组合作或是个人自由表现等组织方式。儿童之间可以随意选择自己如何进行音乐内容的探索，儿童可以完全凭借自己的喜好创造性地重组各类音乐材料。

为了长久地保持儿童对音乐区角活动的兴趣，教师应尽可能提供新鲜有趣的活动材料，为儿童建立一个进行声音探索和其他音乐表现与创造活动的实践场所。音乐区可以常设在活动室中的一个比较独立的角落，最好能与其他活动区隔开，或是一个单独的小房间。

乐器区是幼儿园音乐区的重要内容。乐器区可以放置小鼓、钟琴、西斯特等精制的奥尔夫乐器或是一般的打击乐器，也可以是各种生活乐器或自制的打击乐器，如装有沙子、豆子、小石子、米等的塑料瓶子，八宝粥罐子等，各种各样的盘子、碟子等，塑料、玻璃、搪瓷等不同材质的器皿等。儿童可以在乐器区里探索声音的奥秘，组织小型的节奏乐队等。

歌唱区也是深受幼儿喜爱的音乐区。教师可以根据儿童的兴趣，与儿童共同制作一个"菜单"，菜单上的歌曲既能源于儿童的兴趣，也可以由教师根据儿童的年龄特点进行选择，最后制作成卡拉 OK 菜单与伴奏带，儿童在歌唱区中就可以十分自如地进行表演。歌唱区可以进行如下安排：

（1）卡拉 OK 角，在活动室的一个比较独立的角落或是楼梯间，教师放置了一台电视、VCD，对面摆上一张供 3 ~ 5 名儿童坐的沙发，墙上挂着儿童与教师共同制作的点歌单（图文并茂）。喜欢唱歌的儿童可以自己选择喜欢的歌曲，教师与家长共同收集伴奏带，经过教师的选择与筛选，制成卡拉 OK 带与清单，供儿童自由选择、尽情歌唱。

（2）歌唱图谱角，在活动室的一个区角（也可以是在楼梯的拐角等处），将儿童平时会唱的歌曲图谱提供给幼儿，供儿童自选。

除了乐器区、歌唱区外，教师还可以设置音乐游戏角、音乐表演角等各类音乐区角活动。每次音乐区活动宜限制参加活动的儿童人数以及音量，并对表现好的儿童予以鼓励和有效的指导。在幼儿园内部的区角活动中，教师不仅要检验儿童各音乐设备的应用，还应该注意到在儿童大声歌唱持续一段时间后，需要根据儿童的状态普及相关护嗓的知识。同时，教师应尽量积极参与其中，给儿童自由自主的歌唱增添更多的乐趣。

3. 渗透性的音乐活动

本文中所说的渗透性音乐是不包含集体性的音乐活动和社会或个人举办的大型音乐活动，主要内涵是在幼儿园内部非正式的音乐交流活动。活动的主要参与地点和方式都会根据当时的人员和时间进行安排，具有极大的随意性，大致可分为以下四类：

（1）日常活动中的音乐活动。和传统的描述音乐教育生活化的相关理念一样，对儿童进行音乐欣赏方面的熏陶也需要一定时间的积累，教师、社会和家长等各个方面都为儿童掌握音乐内容起辅助性的连接作用。

学龄前儿童进入学校生活后由于其年龄层面的限制，一开始并不需要接触难度较高的系统知识，因此在幼儿园教育阶段有较多的空闲时间。在这个时间段教师可以设置一些与音乐相关的集体或竞赛性活动，如在用午餐前后或午睡前后的时间段比较适宜安排音乐活动，使儿童可以较长时间处于优质音乐的感染。在儿童自由活动、散步等时间鼓励与支持儿童开展自发的音乐活动等，教师也可随机组织一些有趣的音乐游戏或节奏活动。

（2）有机整合于主题中的音乐活动。目前，幼儿园开展了很多的主题活动，音乐活动可作为其中的一个重要内容，与语言、科学、社会、美术等学科领域等有机渗透、统整在主题活动之中。此时，音乐的呈现是以主题内容为线索，以与其他领域的有机融合为特点。

（3）游戏活动中的音乐活动。在幼儿园丰富多样的各类游戏中有机渗透音乐教育，可以丰富游戏的趣味性与审美性。

在幼儿园内部的分角色音乐游戏中，儿童可以在游戏中展示自己已经掌握的音乐内容，也可以根据现有的音乐形式进行创意创新。同时，教师也可以参与儿童的音乐角色扮演，身处角色过程中需要用歌唱来描述自己的想法和需求，这样也可以带动儿童唱歌的频率。整个完整的音乐角色扮演闭环过程可以帮助儿童慢慢形成自己独特的歌唱特征。

目前，幼儿园的很多表演游戏，如"拔萝卜""小兔乖乖"等都包含着音乐的成分，幼儿边唱边表演，使得表演游戏的开展更为丰富、生动。

儿童对音乐内容的感知也可以游戏的方式进行，如幼儿"建造"了富有民族特色的建筑——蒙古包，可以把自己装扮成蒙古人，站在门口迎接客人，为客人表演蒙古舞蹈、歌曲等。

此外，音乐还可有机融入传统民间游戏中，如儿童在玩跳绳、踢毽子、炒豆子等游戏中边唱边玩，既增添了儿童对民间游戏的兴趣，也增加了游戏活动的乐趣。

（4）节日庆祝活动中的音乐活动。对于儿童来说，庆祝节日到来是最为欢快的项目之一，而音乐层面内容的安排也是整体节目中不可缺少的部分。

组织节日音乐活动时，教师应注意尽量让更多的儿童参与其中。同时，用于庆祝节日的音乐内容宜尽量选择儿童平时学习过的歌曲、舞蹈、打击乐等音乐内容，再进行适当的加工。节日音乐活动应以抒发儿童的快乐情感为主要目的，不要片面追求艺术效果而搞突击，增加儿童的负担。在节日期间举办音乐活动，其类型应该较日常活动有更多的种类，使整体的外部氛围更加欢快，增加儿童对音乐内容的感知面。

第三节　学前儿童音乐教育活动的评价

在关于学龄前儿童教育发展的具体条例中，可以明确国家对于学龄前儿童艺术方面的总体要求是使儿童可以感受到身边的美感，在音乐等其他艺术形式的培养中增加儿童对于自身生活环境的热爱。而幼儿园应该为儿童提供的是积极向上的生活环境和各种类型的实践感知活动，使儿童在初级年龄段可以形成稳定的性格和情绪状态。同时，既要对儿童进行音乐方面的教育培养，也需要对其进行检验。其评价结果既体现幼儿园是否具备提升儿童艺术素养的能力，也体现该幼儿园的培育方式是否合理。通过多个主体对学前儿童掌握艺术结果的评价，可以有改进儿童艺术教育的新方向。

对儿童进行音乐教育方面的检验也是对国家新应用的艺术教育政策效果的评判。学龄前的儿童是此次教育方面检验的主体，因此各种艺术教育评价方式主要是围绕其进行拓展。一般来说，其检验的范围包括儿童感知接受音乐学习内容时间的长短、幼儿园组织的各类音乐培养活动的意义体现、在各项音乐活动中教师的主要职责和培养态度与方式等方面。

由于价值取向的不同，目前学前儿童音乐教育活动评价存在两种倾向：一种倾向是将儿童学习和掌握音乐知识技能作为学习的重点，忽视了音乐活动中儿童的情感体验。这种观点注重对课程实施结果的考查，在评价中关注儿童对每学期规定教材的完成情况以及对规定教材掌握的数量。儿童经过教师的引导和音乐氛围的熏陶可以掌握多少相关的音乐书目和种类也是教师艺术教学水平如何的体现，并且检验的结果也是教师下一步晋升的条件之一。这种观点过度重视儿童对音乐知识技能的掌握，而忽略了评价儿童的情感体验所起的导向作用，这会使教师在音乐教育过程中过度追求儿童对作品的熟练掌握而忽略了儿童在音乐活动中的兴趣和需要，导致情感教育等其他教育价值的流失。另一种倾向则与之相反，忽略了儿童基本的艺术知识和技能的学习，完全从儿童的兴趣出发来衡量学前音乐教育的价值。在这种观点的引导下，儿童唱得是否准确、声音是否好听、节奏是否准确都无所谓，只要自由地表现、积极地投入，就达到了音乐教育的目标。这类观点极其片面，过于强调儿童的主观性，缺乏客观衡量标准，殊不知音乐知识技能与情感体验是相互促进、相辅相成的。因此，国家对音乐艺术方面进行指标的检验可能会使学科原本的艺术性和自由性减少，还将检验评价结果与教师职称和教学水平挂钩，使教师过于强调对儿童的知识灌输。但如果没有相应的音乐学习结果检验，又会使教师和儿童缺乏进一步的动力。

要想充分发挥音乐在儿童成长中的重要作用，首先教师应该深入理解、准确把握艺术教育的目标，在幼儿园音乐教育活动中能够进行中和平衡，既实现情感教育的价值，同时又不导致其音乐教育本身的学科价值的流失。这样就可以在很大程度上保证音乐情感和相关知识都可以被儿童掌握，可以真正体现外部艺术氛围的熏陶对儿童生理和心理情绪方面的发展作用。

一、学前儿童音乐教育活动评价的原则

（一）针对性原则

针对性主要是指在教师营造音乐氛围和讲解过程中，对儿童讲解的问题一定是对所有儿童都有借鉴意义的。针对性的评价主要是根据预先统计的各幼儿园的大致数据，找出其存在的共性问题，针对这一问题进行检验。随着科学技术的发展和教师教育理念的不断提升，先进的电子科技教学手段在幼儿园被大规模地使用，但即使如此，对教学效果的评价还需要有针对性的评价来完成。因此，对幼儿音乐艺术掌握水平进行针对性的检验，对于日常讲授来说十分有效。

（二）诊断性原则

诊断性含义是指音乐教育的评价性结果是否真正检验出儿童音乐教育活动包含的问题。验证其检验结果是否有效真实，并且是否有提供相关问题的解决方案都是诊断性原则的内容。在对音乐活动进行诊断的过程中要善于总结经验和教训，不断优化活动的各项指标，通过诊断促进音乐活动更科学、更完善地发展。例如，在一次音乐活动中，教师活动前的准备非常充分，活动目标、重难点分析和教具准备都符合儿童的年龄特点和认知发展水平，活动过程的设计也很流畅，但在活动过程中，孩子们的表现却不太积极，教学活动没有达到预想的效果。在这种情况下，我们就要对此次活动进行诊断分析，找出问题所在，可能是教学内容虽然符合孩子的年龄特点，但缺少趣味性；也可能是教学形式设计不够丰富，抑或孩子们当时的精神状态不佳等。这些都是需要我们进行反思和诊断的问题，诊断出存在的问题，就要积极改进，以此来提高教学水平，提升活动质量。

（三）全面性原则

对儿童进行相关音乐内容讲授的干扰条件除教师和儿童外，还有教师对儿童的音乐教育影响。全面性的内涵是对音乐氛围感染过程中的各个方面都进行检验，评价的范围不只包含处于活跃状态的人，还有学校营造的固定的外部环境。但重点还是放在教师和儿童身上，检验双方在整个音乐培养氛围中的情绪变化、参与态度和教师的教学组织安排如何。在对"教育影响"这一因素进行评价时，主要看活动的流畅程度、活动氛围是否轻松愉悦等，考查音乐培养过程的全部细节部分更能反映整体音乐培育是否有效。

（四）客观性原则

客观性的概念是指评价主体要排除其他外部影响条件，完全依据评价准则进行检测和考查，态度端正求真。3～6岁的儿童是认知和情感发展最为迅速的时期，是求真态度逐步形成和社会化萌芽的阶段。因此，教育工作者应该本着公平、客观的原则对儿童进行全面、客观的评价。将能够真实反映儿童发展水平的评价进行反馈，不能加入教师个人的感情色彩和主观因素，只有这样才能使评价真正促进儿童音乐水平的提高。

综上所述，学前教育工作者只有用科学的态度、正确的观念对学前儿童音乐教育活动进行全面评价，才能使音乐教育真正发挥其应有的价值，促进教师个人专业化的发展。

二、学前儿童音乐教育活动评价的内容

对儿童的音乐掌握过程进行检验也需要依照相关的学前儿童教育艺术教育条例，同时需要考虑儿童所处的年龄段是否适宜学校的这类培养计划。最终要达到的结果是既要控制好音乐氛围感染过程中的艺术性和自由性，也要保证儿童可以从中获得相关的音乐知识。因此，我们最终需要从学习熏陶过程和儿童的接受状态两个方面考查音乐艺术教育活动。

（一）学前儿童音乐教育活动的实施方面

在儿童处于学龄前阶段时，对其进行相关艺术方面的培养可以使儿童的身心都得到丰富，因此评价时要检验音乐培育活动中的各部分干扰条件。一般对艺术熏陶活动进行评价需要从具体内容、实施方法和掌握程度入手。

1. 活动目标的评价

幼儿园艺术教育活动的目标是在教师对《纲要》中艺术领域的活动目标和《3～6岁儿童学习与发展指南》中艺术领域的活动要求全面理解和把握的基础上，结合儿童的年龄发展特点和自身发展需求而制定的对音乐教育活动结果的期望。教师在对学前儿童进行艺术方面的培养规划时，要从更长远的角度设置每一节课的讲授内容。将小节掌握的内容作为每周计划的枝干，对儿童学习的新内容进行细致的规划讲解。因此，对音乐活动目标的评价应该从以下三个方面进行：一是各个层次的目标之间是否存在内在的逻辑关系；二是教师每节课具体讲解目标的制定是否既考虑了理论知识内容，又关注到儿童的接受状态；三是音乐培育活动是否结合了儿童的生理阶段和理解程度。

此外，还需要明确在评价儿童艺术培养活动时要特别注意的事宜：第一，在检验教师设置的讲解目标是否准确规范时，还要对照其是否依据音乐教材进行规划安排，教师对于教材提出的儿童掌握标准是否明确理解；第二，教师如何利用音乐活动中的具体材料促进儿童音乐学习能力的发展；第三，教师音乐学习目标的制定是否考虑到儿童的接受程度和情绪状态，是否有关注到儿童精神层次的提升。

2. 活动内容的评价

儿童接触的音乐相关内容或教科书都是教师要达成的整体目标的铺垫，因此在对音乐熏陶活动的内容进行检验时，重点应该放在内容和顺序筛选是否合理方面。

由于音乐教育活动中的各个因素（包括活动的内容、材料的选择、活动的环境及儿童的状态）都是相互影响的，因此在评价时必须将各个因素都考虑在内，首先确保活动中的各个因素符合儿童年龄发展的阶段性特点；其次，音乐培养活动使用的内容应该与目标设定源于同一参考书，同时进行评价要兼顾过程的各个方面。

3. 活动方法的评价

教师设置的各方面目标都需要具体的培养熏陶活动进行保障实施，活动的方法也要从教师和儿童两个方面考虑。学前儿童音乐教育活动的过程是两种方法双向互动而得以展开的。对活动方法进行检验主要包括以下四个部分：一是教师应用的培养方法是否符合其目标的需求；二是儿童在教师选择的培养方法中能否有自主思考、独立展示的空间；三是教师的音乐活动方案是否考虑到儿童身体的成长阶段和心理发育状态，要关注儿童在欣赏过程中的情绪变化；四是音乐活动方案是否适合在本学校的固定环境中应用，学校原本的设备状态是否能满足这类内容的讲解。

4. 活动过程的评价

音乐培养过程是指教师和儿童针对相关音乐内容进行知识传递的过程。整体的音乐讲解活动受多方面条件的干扰，其活动运转也是在多个变量间进行综合计算的过程。教师是活动的设计和实施者，为了更好地促进音乐教育活动的发展，在这里我们主要对教师在音乐活动中的教育行为进行三个方面的评价。

（1）教师的角色扮演。关注教师在教学过程中对自己的角色如何进行定位，包括是否为儿童创设了轻松、愉悦且适宜互动的教学环境；在讲解相关内容时是否偏离了初始目标的设置；在音乐活动中是否将内容扩展至精神层面，是否及时关注儿童对新问题的态度；教师能否根据教学的需要灵活地变化角色，使自己成为引导者、观察者、合作者、支持者、材料的提供者。

（2）教师的教育行为。教师的教育行为主要包括教师在儿童面前的情绪状态和讲解行为是否积极且专业，要考查教师在音乐培养活动中是否细心回答儿童的疑问；儿童通过教师对新乐器的演示是否能明确使用方法，教师打造的音乐氛围能否帮助儿童融入学习音乐的状态。

（3）教师在活动中的指导。教师在指导活动中要检验教师在音乐培养活动中的作用，可以从以下六个方面入手：第一，教师是否能够合理安排不同人数的音乐赏析活动，并对不同数量的儿童都可以有相应的讲解方式；第二，是否关注到不同的音乐活动形式对儿童音乐学习及相互交往的影响；第三，教师设置的各类音乐赏析活动是否考虑到儿童的身体阶段特点，是否结合儿童音乐教育大纲的顺序进行；第四，教师能否就音乐赏析活动中随时发生的新问题，有自己的应对方案和调整策略；第五，教师是否对儿童在课堂上的回答有点评；第六，教师所打造的外部音乐培养氛围是否真正帮助儿童融入音乐学习活动中，是否保证预先设立目标的达成。

5. 活动效果的评价

儿童在经历教师营造的音乐培养教育后，其掌握的情况水平如何就是教师的音乐教育结果。对教师的音乐教育结果进行检验主要包括儿童在教师的带领下是否主动参与音乐种类的学习；儿童在欣赏音乐过程中的精神状态是否轻松自然；在整个乐曲赏析过程中，儿童的关注度是否集中于乐曲本身；教师预先设立的各方面目标是否依次序展开。

学前儿童音乐教育活动的评价就是为了促进儿童音乐教育向更科学、更健康的方向发展，对学前儿童音乐教育活动的过程、环境进行判断和分析，从而反思和修正教师的教育理念和教育行为。不同的评价主体持有不同的音乐教学评价取向，决定了对学前儿童音乐教育活动的评价方式。

还需要特别关注对学前儿童进行音乐方面的教育培养要从整体角度考虑，影响音乐内容学习的干扰因素有主观和客观两个方面。儿童掌握相关音乐的内容也是在持续的时间段内进行系统的学习，要关注儿童在乐曲赏析过程中各方面的变化，不能只将评价角度放在教师提供的音乐曲目是否适宜儿童的身体阶段，还应关注儿童本身在赏析过程中的个性化感知。这些是进行学前儿童音乐教育活动评价时必须遵循的基本原则，所以树立科学的儿童音乐教育活动评价观是提升学前儿童音乐教育活动评价有效性的基础和保障。

（二）学前儿童音乐感受能力的培养方面

学前儿童音乐感受能力的培养是实现艺术教育目标的关键。

1. 音乐教育情感价值的实现可以促进儿童艺术感受能力的形成

音乐是一种感染力很强的情感语言，能够积极调动儿童的激情和幻想。音乐具有愉悦性、自主性和开放性等特征，为儿童营造这样的心理环境能够使儿童充分享受自我表达的快乐，这种快乐的体验能够使儿童更积极地参与音乐活动。《纲要》中艺术领域目标的第一条强调，"能初步感受并喜爱环境、生活和艺术中的美"。从审美的角度来看，儿童对艺术的理解、想象以及情感活动的开展都是以感受为基础的。感受是儿童进行审美活动的开端，在审美活动中起到奠基作用。

对于儿童来说，音乐感知能力的发展能使其产生积极的情绪体验，形成积极的情感态度。例如，在音乐活动中，音乐作品所传达的感人形象或氛围都是通过音乐的旋律、节奏、力度、速度等表现手段来实现的。只有让儿童充分感知各种音乐表现手段在作品中所表达的审美含义，才能产生情感上的共鸣，才可以丰富他们的音乐体验和审美经验，使他们成为有欣赏力的享用音乐作品的人。同时，作为一门情感艺术，音乐具有独特的感染力，它是深受儿童喜欢的一种艺术形式，能使儿童产生轻松、愉快、乐观的情绪，形成积极的情感态度，促进儿童身心的和谐发展。《纲要》中艺术领域的三个目标都提出了有关情感态度的要求，突出了学龄前期艺术活动的情感教育价值取向，这是因为富有感染力的活动会更有利于幼儿形成对"美"的感受能力。

2. 关注幼儿的感知、想象、表达与交流等是实现艺术教育目标的途径

"音乐"一词在我们日常生活中出现的频率较高，但我们是带着自身的原有体验融入新音

乐内容的感知中，也就是并不是每个人都认可音乐的节奏。因此，能够分析出音乐节奏具有的美感也是一种独特的能力。这些虽然受到先天遗传因素的影响，但大部分都是可以通过后天的教育培养出来的。儿童能够融入音乐节奏中是儿童解析音乐旋律的基础。如果儿童不能融入音乐氛围和感知音乐节奏，就无法跟随教师的脚步进行下一部分音乐知识的接收，因此儿童感知解析音乐的能力越早形成越有利于后面内容的掌握。教师可以在"学前"这一阶段让儿童接触更多种类的乐曲曲目。所以，在幼儿时期实施音乐教育，应注重音乐教育本身的学科价值，把儿童是否具有感知与体验音乐的能力作为音乐教育活动评价的内容之一。

欣赏音乐时往往是"听之于耳，感之于心"。其富有感染力的情感语言能够引发人们丰富的想象力，同时在聆听音乐的过程中，伴随着儿童的审美愉悦，使他们能够产生超越作品自身的联想和想象。针对音乐的这一特点而进行的研究活动，能够使儿童体验到探索和创新的喜悦，促进创造性素质的提升。

艺术素养是一个全面发展的人必须具备的基本素质，也是一种独特的表达与交流情感的方式。表达与交流是感知与体验、想象与创造的集中体现，反映出一个人的艺术素养和审美情趣。儿童在感知和体验美的事物的基础上，喜欢用自己的方式进行表达，并与同伴分享音乐的乐趣和探索的快乐，这种对音乐的感知能够促进儿童社会适应能力的提高。因此，儿童在感知新音乐内容过程中表现出来的接受能力和想象水平都成为对儿童的音乐艺术教育评价的一部分。

三、学前儿童音乐教育活动评价的方法

学前儿童的艺术教育评价规范条例中提出，对儿童开展艺术教育需要先了解这类教育本身的特征，并结合儿童的生理阶段进行改进。因此，要想大幅度地提升学前教育水平，抓好每个儿童的接受状态尤为重要。这类规范条例还提出检验就是重新看待整个教育培养过程，从其他角度发现存在的问题，是提升教师自身讲授能力的有效方法。一般来说，对学前儿童进行音乐层面的评价主要从儿童和课程本身两个方面考虑，学前儿童音乐教育活动的评价有很多方法，从不同的角度有不同的分类标准。

（一）从评价性质上分为量化评价和质性评价

所谓量化评价就是在教学活动中，通过观察把儿童的活动情况进行记录整理并形成数据和量表进行客观的分析。这种方法强调客观和量化，能够从数据上清楚地看出儿童的活动情况，但在实践中却不太实用。因为运用这种方法对儿童的表现进行分解和量化的技术性方法，虽然能够解决儿童发展中的简单问题，但只能看到儿童发展的片面因素，没有将儿童的发展当作一个整体进行参照。而在儿童发展过程中，存在很多复杂和不确定的因素，例如儿童的兴趣、需要、情感、价值社会性等复杂的、难以量化的因素仅靠实证主义的定量方法必然是无法解决的。

质性评价的含义是评价一方需要从教育活动的各方面考量教育效果，每一个视角所观察到的问题都应该有文字记录和评价主体的解析过程。这类检验的方案需要被检验者和评价主体之间有许多沟通互动，随着教育过程中学校教育方案的改动二者应及时交流，更加注重在艺术教育活动过程中教师和儿童的表现。在评价过程中，教师必须首先了解儿童的思想、感情、价值观和知觉规则。教师的职责应更多地倾向于组织外部的环境创设和儿童想法疑问的解答，只有这样才能真正理解儿童具体外显行为的含义。教师只有通过质性评价，与儿童进行长期交往与倾听，才能真正走进儿童的世界，把握儿童的个人意义建构，促进儿童主动而持续的成长与发展。

（二）从评价方式上可分为随机性评价和终结性评价

随机性评价含义是指不设其他目的地对艺术教育活动中的各类干扰条件进行检验。其检测的角度不仅包括教育活动本身，还包括对儿童前后精神状态的变化表现进行记录评价。随机性评价的时间不是在音乐教育活动结束时进行，而是贯穿于整个活动过程，随时捕捉分析儿童活动中的一个个片段，对儿童进行鼓励和纠正，并对活动过程及思路进行调整。

终结性评价是在这个音乐熏陶过程完成后对教育进行评价。评价的视角集中于对儿童进行大框架性的检验，同时还需要将儿童掌握的层次与教师预先设立的各层次目标进行比较。终结性评价可以从整体上反映活动中存在的主要问题，但是不能及时地对儿童在活动中的反应进行反馈。

（三）从评价者的角度分为自我评价和同行评价

在学期儿童的教育中，教师对自身的讲授水平应该有衡量。同时，教师还应该多开办公开课并邀请同科目的其他教师一同听讲，在相同专业基础的情况下指出自身的不足。对于经验缺乏的新教师来说，自我反省的能力和习惯以及他人的教育经验能够促进其教学水平的不断提升。

综上所述，学前儿童音乐教育评价应关注整个教育活动设计的各个要素以及要素之间的协调分配，而不是只关注其中的一个方面；根据儿童身心发展阶段的不同，对学前儿童进行音乐方面的评价也应该结合其生理阶段的发展状态。评价目光不能只停留于对现阶段儿童的接受状态如何进行检验，其相关的检验方法也应该进行创新。随着幼儿园课程改革的不断深入，学前儿童音乐教育活动的评价大多采用质性评价的方式进行。在对儿童进行评价时，应注重儿童之间的个体差异，科学判断儿童音乐潜能的个体差异，因人制宜地制订每个儿童"最近发展区"内的音乐发展计划，让每个儿童都能在原有水平上有所发展。同时，对儿童进行音乐教学评价时，主张评价主体的多元性。不同的人具有不同的知识经验和社会阅历，他们看问题的角度就会有很大的不同，评价者应从不同的角度对儿童的行为进行理解和解读。这有利于我们更全面、更科学地了解儿童，了解活动，促进教师专业化的成长。例如，同行可能更多的是从活动目标的确定、内容的选择与组织实施是否符合幼儿的心理发展特点和规律的角度去评价，家长则可能更多的是从关注幼儿的发展变化的角度去评价。从不同的侧面反映出音乐教学活动的开展情况，更全面地帮助教师进行分析和反思，可以激发教师的创新意识和能力，提升教师的教育实践智慧。

对学前儿童音乐教育的评价应多角度和全方位地进行，例如可以将定性评价和定量评价、诊断性评价和随机性评价、自我评价和同行评价有机结合，体现评价的个性、差异性和异质性。

第五章 学前儿童音乐教育游戏化实施策略

第一节 歌唱活动游戏化实施策略

一、幼儿园歌唱活动教学的主要内容

（一）歌曲

歌曲是音乐与文学相结合的一种综合艺术形式。在幼儿园里，儿童不仅可以演唱成年人专门为儿童创作的歌曲，还可以演唱传统的童谣以及由儿童自己创作或即兴创作的歌谣。节奏朗诵也是一种艺术语言与音乐结合的艺术表演形式，也是既深受学前儿童喜爱又易于被接受的歌唱活动材料。

（二）歌唱的表演形式

根据学前儿童音乐活动的特点，各种歌唱表演形式的实际含义可以表述为以下几方面：

（1）独唱：一个人独立地歌唱。

（2）齐唱：两个或两个以上的人在一起整齐地演唱完全相同的曲调和歌词。

（3）接唱：包括个人对个人的接唱和小组对小组的接唱，常见的形式是半句半句地接唱或一句一句地接唱。

（4）对唱：包括个人与个人、小组与小组、个人与小组（或集体）之间的问答式歌唱。

（5）领唱齐唱：一个人或几个人演唱歌曲中主要的部分，集体演唱歌曲中配合的部分。

（6）轮唱：两个小组（声部）一前一后，按一定的间隔开始演唱同一首歌曲。如间隔一小节的轮唱《闪烁的小星》，间隔两小节的轮唱《两只老虎》。

（7）合唱：包括一个声部用中鸣的方式演唱旋律，另一个声部按相同节奏朗诵歌词；一个声部唱歌词，另一个声部用相同旋律唱衬词；一个声部唱歌词，另一个声部在第一个声部休止或延长处演唱填充式的词曲；一个声部唱歌词，另一个声部演唱固定音型式的词曲或延长音；两个声部同时开始演唱两首相互和谐的歌曲等。

（8）歌表演：一边歌唱一边做身体动作表演。这些身体动作表演可以有明确节奏，也

可以没有明确节奏；可以是表现歌词内容的，也可以是表现歌曲情绪的，或仅仅是表现某种与歌曲相配合的节奏；可以是有空间移动的，也可以是在原地站着或坐着做的；可以是手脚配合或全身配合做的，也可以仅仅用手或脚，甚至其他某个单一的身体部位来做。

（三）歌唱的简单知识技能

在幼儿园中，儿童可以掌握的简单知识技能主要有以下六点：

1. 正确的歌唱姿势

正确的歌唱姿势具体包括身体正直，两眼平视，两肩放松，两臂自然下垂，坐着唱歌时不将椅子坐满，不靠在椅背上等。

2. 正确的发声方法

正确的发声方法具体包括下巴自然放松，嘴巴自然打开，自然地向前发音，既不肆意叫喊，也不刻意控制音量等。

3. 正确的呼吸方法

正确的呼吸方法具体包括自然呼吸，均匀用气，吸气时不耸肩，一般不在句子中间换气等。

4. 正确演唱的技能

正确演唱的技能具体包括会先准确地辨别、理解和形成清晰的印象（音响表象），然后在熟练掌握的基础上轻松自如地演唱。

5. 自然、恰当的表达技能

自然、恰当的表达技能具体包括自然舒适地歌唱；有理解、有感情地歌唱；自然、恰当地运用声音表情、面部表情以及身体动作表情，不做作。有感情地歌唱主要指在内心已经产生相应情感体验的基础上，运用咬字、吐字、气息断连变化以及速度、力度变化等演唱技巧进行歌唱。这种通过运用一定的演唱技巧、借助歌声传达的内心情感，可以被称为声音表情。当然，对于幼儿来说，运用技巧的程度是十分粗浅的。

6. 正确、默契的合作技能

正确、默契的合作技能具体包括注意倾听自己和他人的歌声；一起歌唱时不使自己的歌声突出；轮流歌唱时准确地与其他人或其他声部和谐衔接；配合歌唱时努力保持各个声部之间在音量、音色、节奏上的协调性，以及在内心情感体验、声音表情、面部表情（包括目光交流）、体态动作表情交流配合方面的协调性等。

（四）嗓音的保护

嗓音保护的知识技能包括不长时间大喊大叫和唱歌；不在剧烈运动时大声叫喊和唱歌；不在剧烈运动后马上唱歌；不在空气污浊的环境中唱歌；不迎着风唱歌；不在伤风感冒、咽喉发炎的时候唱歌；在唱歌时注意保持身体、心情、表情、嗓音的舒适状态，感到不舒服时会暂停、休息或自我调整等。

二、幼儿歌唱游戏

（一）幼儿歌唱游戏的定义

歌唱是运用人体器官进行发声的艺术实践，可以使人们体验节奏、音高、速度、力度等音乐要素的特点，真切感受歌曲的情感意境，从而达到培养音乐素养、感受音乐美的目的。歌唱也是人类自然的愿望，是人类表达喜、怒、哀、乐各种复杂感情的一种有力手段。歌唱在幼儿生活中也有着重要意义，在幼儿园我们经常可以看到幼儿在搭积木、玩过家家、拼胶粒时，自发地哼唱；在角色游戏中都喜欢当教师，领着小朋友唱歌；出外郊游、参观时，一坐上汽车就情不自禁地高声歌唱……唱歌也是幼儿表达内心的激动、兴奋、快乐的一种手段。对于幼儿来讲，歌唱不仅给生活带来无穷的乐趣，而且具有重要的教育价值。幼儿通过歌声表达欢快、愉悦等心情，感受音乐的艺术魅力。

歌唱游戏是幼儿园音乐教育活动的重要组成部分，它是指幼儿用嗓子来制造声音，或演唱有旋律、有歌词的歌曲以及有节奏的朗诵等。在幼儿园中，幼儿歌唱材料有成年人创作的儿童歌曲、传统的童谣以及幼儿自己自由创编的歌谣等。幼儿歌唱材料一般具有以下特点：歌曲内容简单有趣、歌词易记且能为幼儿所理解熟悉，节奏和旋律比较平稳；歌曲速度适宜，结构简单多重复部分，适合幼儿自发、自由地编唱，适合幼儿用动作表现歌曲内容，等等。

（二）幼儿歌唱游戏的特征

考虑到幼儿的年龄特点，以上八种歌唱形式是最基本的形式。如果把游戏融入几种形式中，并且不拘泥于以教师为主导的传统教学形式，教师作为引导者就会给课堂带来活跃的气氛，并且可以充分发挥幼儿在课堂中的参与热情。歌唱游戏教学可以增加教学的趣味性，使幼儿能够对课程感兴趣，从而促进教学有效地进行。所以，幼儿歌唱活动还有很多辅助演唱的活动形式，让幼儿尽情地展示表演能力和发挥歌唱水平，并且形式丰富多样，可以自由融入舞蹈、表演、朗诵等。

1. 动作参与

边唱边跳是最普遍的表现形式。将歌词大意用简单、夸张的肢体语言表演出来帮助幼儿在情境中进行歌词理解，也帮助幼儿学习和了解肢体语言的简单表达方式。

2. 情境表演

情境表演是将表演成分加入幼儿的演唱。角色扮演是幼儿最喜欢的游戏形式之一，边唱边演让幼儿在歌声中走进生活与自然，在故事中体验歌唱的快乐。

3. 乐器辅助

这里的乐器可以是有音调的乐器，也可以是幼儿打击乐器。让幼儿亲自用熟悉的乐器为歌曲伴奏，选择自己合适的乐器种类和伴奏音型，不仅加强了歌曲的节奏感，也增加了幼儿演唱歌曲的兴趣。

4. 歌词创编

歌词创编是突出旋律的完整性，运用歌词部分替换或全部替换的方式。让幼儿展开丰富的想象，运用他们已有的语言经验、数字经验和生活经验对歌曲进行改编，增加歌曲的游戏性。

5. 嗓音玩唱

早期儿童对自己的嗓子往往有着浓厚的兴趣，很多儿童都有过喃喃发声和一边游戏一边无意识制造声音的经验。在歌唱游戏中，我们可以让儿童哼唱一些无意义的音节，让他们自发地探索嗓子的无穷能量，学会控制和调节嗓音，并用美好的歌声尽情地表达自己。

（三）幼儿歌唱游戏的功能

歌唱活动由人的呼吸器官、语言器官、共鸣器官、表情和表演器官等复杂的动作综合而成，因此歌唱游戏是对幼儿身体多方面的开发与训练。

1. 帮助幼儿学习发声

4～6岁幼儿的发声器官正处于发育初级阶段，其发声器官的长短、大小和活动能力与成年人不同，发出的音色、音量、共鸣也与成年人不同。他们的声带短小，口腔内的上颚、硬腭浅窄，喉肌调节声带活动的能力差，同时呼吸较浅，多用头腔共鸣。我们常常看到有的幼儿在唱歌时颈部青筋凸起，面部涨红，特别是他们唱到情绪高涨时，更容易出现这种现象。这是喉部紧张用力、发声方法不正确的一种表现。这样的唱法会使幼儿的发声器官过分疲劳，时间久了，就会损坏他们的嗓子。所以，应当让幼儿学习在唱歌时保持喉部自然、放松，防止和纠正大声喊叫的唱法，使唱出来的歌声优美、动听。

2. 帮助幼儿学习呼吸

最初接触歌唱的幼儿，常常开口就唱，他们往往根据自己的需要而不是根据音乐的需要换气，因而他们的气息常常破坏音乐的整体性，而且唱起来也特别累。有些幼儿把声音全部挤压在喉咙里，不会用自然流畅的方法控制气息。因此，正确的引导对幼儿养成良好的呼吸习惯很重要。例如，教师会把日常生活中常遇到的亲身体验，让幼儿回忆感受一下，诸如快速爬楼梯或跑步后气喘吁吁时的样子，让幼儿边表演边体验深呼吸的感觉，并学习在唱不同音高时，能使用这些感觉来进行歌唱。游戏化的呼吸方法，不仅改善了幼儿演唱的质量，也锻炼了他们的身体素质。

3. 帮助幼儿纠正咬字与发音

很多幼儿的咬字、吐字方法不正确，如用"奶声""扁嘴"说话，又有些幼儿对歌曲中比较长的句子，不能连贯演唱，歌词含糊不清。在歌唱游戏中，教师可以寓教于乐，帮助幼儿改善这些问题。例如，在教唱环节上，教师会带幼儿把歌词字正腔圆地朗读出来，待幼儿读正确后再进行练唱；对于字头吐不清的幼儿，要多用带爆破音的字进行练习，如模仿青蛙叫（呱）、小鼓敲（咚）、喊爸爸（ba）等，多用跳音练唱。在教师的帮助下，字正腔圆地演唱会让幼儿更充分地理解歌曲的思想内容、领悟美好的艺术形象。

4. 帮助幼儿提高节奏与音准

对于刚接触歌唱的幼儿来说，兼顾节奏和音准并不是一件容易的事情。在教学过程中，我们常常会发现幼儿能够学会歌曲，但很多节奏和音准是"不着调"的，其原因之一就是教学过程过于枯燥和缺乏游戏性，导致幼儿机械地记诵了音乐。游戏化的歌唱方式强调选择适合幼儿音域和演唱能力的歌曲，将幼儿分声部，同时用手打节拍，幼儿就像组成了一个小乐队。这样兼顾节奏和音准的歌唱就变得轻松愉快。在和谐的歌唱氛围中，进行系统的节奏和音调训练，循序渐进地培养幼儿的音准和节奏感。

5. 帮助幼儿建立合作精神

相对于幼儿的生理和心理发展特点，合唱是比较复杂的演唱形式。幼儿在合唱的学习过程中会出现各唱各的现象，在合唱练习的初期更容易关注自己的演唱，而忽视他人的声音与节奏。而经过一段时间的训练，幼儿就会将关注点转移到与他人的合作上。简易的多声部训练为幼儿提供了一个合作的平台，让他们从小在听觉中建立和声的概念，声音上的合作也最终会提升他们更为广泛的合作交流能力。

三、幼儿歌唱游戏的设计与指导

（一）小班幼儿歌唱游戏的设计与指导

1. 小班幼儿歌唱能力的特征

（1）歌唱水平。小班幼儿由于肺活量小，呼吸短促，还不能根据乐句来换气，经常是一字一换，所以唱歌时经常出现断断续续的现象。因此，教师在选择歌曲时，应避免内容太长，速度太快、太慢或者节奏过于密集和拖沓的歌曲。

（2）音域音准。3～5岁是幼儿歌唱音区发展较快的阶段。对于小班幼儿来说，他们的音域大致在c～a之间。小班幼儿的音准控制力较差，一般他们比较容易掌握的是三度及以下的级进音程。在没有乐器伴奏的情况下，小班幼儿独立歌唱时容易走调，所以音准是这个年龄段比较难掌握的技能。

（3）歌词和吐字。小班幼儿在掌握简单歌词方面已经没有什么问题，但是碰到复杂的字词，往往吐字不清楚。有时他们甚至会因理解困难而在唱歌时故意把其中的字、词去掉。另外，当他们发不出不太熟悉的声音时，会自行采用自己所熟悉的语音来代替。如形容小马跑步的声音"咯嘀咯嘀"，往往被他们唱成"科里科里"。

（4）和谐程度。小班幼儿在集体歌唱时还不会相互配合，往往是按照各自的音高、速度来唱，常常你超前、我拉后，不会顾及整体的音响效果。在歌唱中，他们也不太懂得换气，不懂得通过改变声音的强弱、快慢、音色以及声音表情的表达音乐的情绪。

2. 小班幼儿歌唱游戏的设计

（1）歌曲的选择。在歌曲的选择方面，小班幼儿对于音乐的认知有限，但是他们对于音乐中的各个元素有着浓厚的兴趣。他们虽然不能达到准确的认知，但是对于鲜明的节奏、清晰的旋律还是能够很好地把握。

根据小班幼儿的能力特点，首先，歌曲的时间不能过长，这是由小班幼儿注意力集中的时间较短这一特点决定的；其次，曲调需简单明了，所涉及的音域要符合小班幼儿的声带发育特点，过宽的音域会对他们声带的发育有损伤；再次，在节奏方面，要选择简单、节奏型比较单一的、明快的歌曲，节奏变换也要尽量减少；最后，要尽量选择简短、形象、押韵的歌词，这比较符合小班幼儿的认知发展水平，对歌曲的演唱也比较有利。

（2）活动目标。小班幼儿活动目标设计的基本原则要符合小班幼儿的身心发展水平，所以歌唱游戏的课程目标可以定为学会有表情地演唱歌曲、理解歌词内容、感受歌词表达的情感、掌握基本音准等简单的目标。在目标的设定上也要首先考虑"幼儿是游戏主体"这一基本原则，具体目标的设定也可以根据本班情况、或近期单元主题、或阶段性主题来决定。

（3）活动准备。

①教师自身准备：包括对歌曲材料的分析和教学对象演唱基础的认识，以及辅助歌唱游戏的音频、视频资料，普及型基本知识、玩偶、折纸、绘画、故事等。

②环境准备：包括教师和幼儿的站位队形、班级黑板或环境的布置、幼儿桌椅的摆放等。

③情感准备：为了让小班幼儿更好地投入游戏的情境，要在游戏前进行有关歌词故事的情感引导，使他们更好地融入歌曲游戏中。

（4）活动过程。活动过程的设计是整个歌唱游戏实施的重点和难点。对于歌曲中歌词、情感以及幼儿游戏方式的指导要遵循"幼儿是游戏主体"这一根本原则。

在活动中，建议先从幼儿身边熟悉的生活场景和生活经验入手，通过复习与再现，引起幼儿的回忆和成就感，从而与歌唱游戏建立紧密的联系，这样可以避免幼儿对陌生事物失去兴趣后游离在游戏之外。

在歌唱游戏进行时让幼儿自己去学习、联想和探索。不要拘泥于形式，也不要刻意强调歌唱的技术，把大部分时间留给他们，让他们在自然、和谐的环境和音乐中去感知和体验歌唱的快乐。在进行游戏的过程中，也可以根据他们的演唱能力对原定歌曲进行歌词、节奏或者旋律的改编，增加歌唱的趣味性。

（5）教学建议。不要给小班幼儿预设固定的教学目标，给他们更多的探索空间和时间。小班幼儿的有意注意时间较短，要用大部分时间让幼儿在游戏中学会歌唱。在歌曲题材上，由于小班幼儿对于家庭的依恋较大，尽量选择节奏明快、内容愉快以及与幼儿的生活内容比较贴切的歌曲，在有限的教学时间中达到最好的游戏效果。

（二）中班幼儿歌唱游戏的设计与指导

1. 中班幼儿歌唱能力的特征

（1）歌唱水平。中班幼儿的歌唱水平会有一定的提高。首先表现在他们积累的歌曲数量和歌唱经验都在不断增加，能掌握在旋律进行和节奏变化上都稍微复杂的歌曲。模仿歌曲时对嗓音的控制能力也增强了，能够准确地听辨教师的歌声并准确模仿，从而准确地演唱歌曲的旋律与节奏，歌曲的长度也有所增加。在唱他们所熟悉和理解的歌曲时，可以做到用速度、力度、音色的明显变化来表现歌曲中的不同形象和情绪，还可为自己的歌曲创编动作、创编歌词、变换歌唱形式、编配伴奏等。

（2）音域音准。中班幼儿的音域在逐渐加宽为音准的把握能力有了一定的进步，能控制小跳等类型的旋律变化。如有琴声伴奏，歌曲难度适宜，一般幼儿都能基本认准音高。教师可以适当地进行转调的练声方式，让幼儿对音与音之间的关系有初步的理解，巩固幼儿对音准的把握。

（3）歌词和吐字。中班幼儿的语言发展有了一定的进步，已经能够完整地再现较长的歌曲或较复杂的歌词。咬字、吐字也更清晰，能够用不同的声音和吐字来演唱不同风格的歌曲。但在歌词的理解方面还有一定的困难，会出现错字、漏字和相似字的现象。

（4）和谐程度。集体歌唱时协调的能力大大增强，逐渐学会跟琴演唱，听出前奏、间奏，还能够将自己的声音和其他小朋友的声音协调一致起来，并且对小组唱、对唱、合唱、轮唱等各种演唱形式产生一定的兴趣。

2. 中班幼儿歌唱游戏的设计

（1）歌曲的选择。在歌曲选择方面，由于中班幼儿在音域和歌词的掌握方面有了进一步的拓展，尤其在呼吸方面，幼儿对于嗓音的控制能力大大增强，所以教师对于歌曲可以有更丰富的选择。歌曲题材可以更为广泛，尽量选择围绕中班幼儿生活内容的歌曲，适合朗诵和记忆的歌词，以及适合肢体表演的歌唱材料。

（2）活动目标。中班幼儿能用正确的姿势、自然的声音歌唱，吐字清晰，具备音准、曲调、节奏的基本能力；能跟着伴奏有节奏地歌唱。在有伴奏的情况下，能独立、完整地演唱歌曲，初步学会接唱和对唱。在集体的歌唱活动中能够控制自己的音色，使自己的歌声与集体的声音相协调；演唱时更自信，乐于在集体中独唱与合唱，能与人分享歌唱的快乐。

（3）活动准备。

①教师自身准备：歌曲材料的具体运用方式，歌曲范唱与伴奏的准备，以及游戏如何穿插在歌唱中的细节安排。

②环境准备：包括环境的创设、幼儿桌椅的摆放、游戏氛围和游戏道具的安置等。

③情感准备：教师在游戏前安排幼儿体验与歌曲有关的情节进行铺垫，自然导入歌曲所表达的风格和情感。

（4）活动过程。演唱时让幼儿根据歌唱游戏中的内容、角色等选择使用道具，或者选择不同的表演方式，可以进行简单的化妆。在节奏掌握方面，让幼儿自由地用恰当的节奏展开身体运动。教师用暗示的方式提示节奏感有困难的儿童，引导幼儿正确感受歌曲。另外，在歌唱游戏中，为了帮助儿童掌握歌曲的旋律，教师可以在教儿童歌曲的同时，利用一定的直观道具，如图片或者手上的动作把儿童的视觉、动觉上的高低与听觉上的高低音统一起来，从而形成正确的旋律感。

（5）教学建议。在中班幼儿学习歌唱的过程中，音准也是最困难的教学目标，唱歌走音的现象仍有发生。为了尽早让幼儿形成声音高低的正确概念，以促进幼儿音乐感受力和表现力的发展，作为教师有必要在幼儿的歌唱游戏中有意识地增加旋律感的早期训练和培养。

（三）大班幼儿歌唱游戏的设计与指导

1.大班幼儿歌唱能力的特征

大班幼儿的声音条件已经发展到相对成熟的阶段，对于幼儿园游戏和歌曲内容的理解也能够达到基本的客观认识。所以，大班的歌唱游戏从题材上、形式上都可以更加多样化。由于幼儿的情感和表达都很丰富，因此教师在大班幼儿歌唱游戏的设计和指导中要注重幼儿的审美培养，时刻记住"游戏是孩子最好的老师"这一特点。

（1）歌唱水平。大班幼儿已经具备较好的歌唱能力，大多数幼儿能够比较自如地把握常见的幼儿歌曲的节奏，如对歌曲中由二分、四分、八分音符构成的一般节奏掌握得较好，甚至也能较好地掌握带附点的节奏和切分节奏。他们对歌曲的内容形象、情感体验与理解能力都有一定的增强，能更加积极主动地在歌唱中用声音变化来表达感情，还能积极争取使自己的歌唱表现得更独特和完美。一些幼儿还能够对熟悉的歌曲的节拍、节奏做出变化，甚至能够独立地即兴哼唱出相对完整的新曲调。

（2）音域音准。随着年龄的增长，大班幼儿可以唱到音准。但一般情况下，如果歌曲的音域跨度较大，往往高音持续的时间较短，不能在高音区连续演唱。大班幼儿对音准的把握能力有了很大的提高，对级进和小跳一般不会感到有困难，他们不但能唱准七声音节的歌曲旋律，还能掌握切分节奏与休止符，对有些变化音也能准确无误地表现出来。幼儿初步建立了调式感，能够感觉到歌曲的主音，歌曲在主音上结束会给幼儿以满足感。

（3）歌词和吐字。大班幼儿一般已经可以比较完整、准确地再现熟悉的歌曲的歌词，唱错字、发错音的情况会大大减少。幼儿歌唱的声音、表情更加丰富，能够清晰地演唱出铿锵有力的歌曲，也可以唱出优美舒缓的歌曲。

（4）和谐程度。大班幼儿在保持歌声整齐方面一般没有困难，对和声的听觉敏感度已经有很大的提高，但是他们往往善于表现自己，不容易配合整体的声音，有时会出现冒音的情况，在合唱中需要教师正确地引导。

2.大班幼儿歌唱游戏的设计

（1）歌曲的选择。大班幼儿对于歌曲的曲风，音域、节奏和歌词所表达的情感的掌握都已经有很明显的进步，所以在歌曲的选择上可以有更多的突破。在这个阶段，幼儿的歌唱技能和水平都有了较显著的提高，并且随着语言和气息的发展，他们能够记住更长、更复杂的歌词，音量也有了明显的提高，所以在歌曲的选择方面可以更加宽泛，各种中外儿童歌曲，甚至少量健康的成年人歌曲都可以作为教学内容。

（2）活动目标。大班幼儿的基本目标是能用正确的姿势，自然美好的声音歌唱，并能正确地表现歌曲的节奏、旋律和歌词。在没有伴奏的情况下也能够独立、完整地演唱，并初步学会领唱、齐唱、轮唱和简单的两声部合唱，且能用不同的速度、力度和音色变化表现歌曲的形象、内容等。在掌握歌曲的同时，能够熟悉和掌握歌词，并且能够创编新的歌词，能大胆地参与独唱、合唱与表演唱，并且能主动协助教师设计各种演唱方式。

（3）活动准备。

①教师自身准备：除了作品的分析和歌曲基本技能的准备之外，大班歌唱游戏可以更多地发挥幼儿的音乐创造力和想象力，注重歌曲创编的准备工作。

②环境准备：包括教师的站位、班级黑板或环境的布置、幼儿桌椅的摆放等，注重互动场景的准备。

③情感准备：从幼儿的生活经验入手，引出歌曲的意境和游戏所表达的情感。

（4）活动过程。活动过程应以幼儿的兴趣点为中心，进一步组织有效、有吸引力、互动性强的游戏课程，培养幼儿勇于探索、乐于发现并带着问题参与游戏的习惯。大班幼儿的情感发展已经有了很大进步，所以要培养他们通过不同的方式表达自我的能力，并且鼓励幼儿积极参与同伴的合作表演，通过合作等过程参与到更多的歌唱游戏中。同时，可以对音乐作品进行分析，并且启发幼儿自己分析、比较，让他们用自己的音色、动作等来表现对歌曲的认识，自己做小导演、小指挥，主动积极地成为歌唱游戏的主导者。

（5）教学建议。以游戏为主的歌唱方式不应该局限于教师的一味讲授和示范，应尽量抓住大班幼儿创造力和想象力丰富的特点，让幼儿自己在游戏中学习音乐，在游戏中探索音乐，并引导幼儿对歌唱游戏做出合适的评价。

四、游戏化的歌唱教学

怎样提高教育教学活动的趣味性，一直是幼儿教师比较关注的问题。但是，由于歌唱活动，特别是新歌教唱活动需要幼儿通过注意倾听教师的范唱，注意倾听和理解教师对歌词内容的讲解，努力记住和再现歌词和曲调，注意调控自己的歌声以及相关表演，所以即便在本身就与游戏相伴的游戏歌曲的教学设计上，教师一般习惯于在新歌学会之后再将游戏的内容累加上去。而在新歌学习的过程中，教师一般更多地使用新颖别致的教具、学具和自身演唱的热情来引发幼儿的学习兴趣。1997年，美国教师约翰·马丁·费尔拉班德来中国讲学时，提出应该关注儿童在自然游戏中的歌唱学习方式。这一提示给了我们很大的启发，就此，许多幼儿教师开始各种以提高歌唱教学趣味性为目的的研究。

趣味性实际上是一个很难下定义的概念，通俗地讲，一个事物或活动的趣味性是指它能够吸引人投入玩赏并沉浸于其中快乐的性质。所以，如果幼儿在学习新歌的过程中能够有一些有趣的事情可以做，参与者做这些事时感觉很好玩儿，那就是在游戏，这也就是说这个新歌学习的过程具有趣味性，以下是一些相关的范例。

（一）从开始处进入的游戏

大部分教师最熟悉的传统范例恐怕要数《丢手绢》了。从前的儿童小时候就在街头巷尾、谷场和家院中玩丢手绢游戏，并在游戏过程中学会了唱《丢手绢》的歌曲。在大部分儿童没有机会进入现代学校读书的年月里，在没有任何教学程序与教学设计的与同伴的玩耍活动中，一代又一代的儿童学会了这首歌曲和这个游戏，又将它们传了下来。美国教师来了以后，我们才知道全世界各民族都有着类似的歌唱游戏，全世界各民族的儿童也都有着类似的自然的学习方法和学习过程。这种方法一般是教师（或任何比其他人先学会的人）边唱歌边带领大家做简单的游戏动作，歌曲唱完后，某个或某些以某种方式与音乐的结束发生关系的人需要被"罚"做一些特别的事情，如追跑、表演或担任下一任单独游戏者。在反复游戏的过程中，虽然学会了唱歌，但认为获得游戏的快乐更重要，不过在此过程中学会唱歌也是不成问题的。

新授歌曲活动《懒惰虫》的设计就是借鉴了这种在玩儿的过程中顺带学习唱新歌的模式。与《丢手绢》不同的是，"懒惰虫"需要个别游戏者比较严格地按照音乐的节奏来"点数"其他游戏者。待歌曲快结束时，唱最后一个"虫"字时谁被"点到"，谁就要创造性地表现一个自己对被人称为懒惰虫的态度。在有的设计中，这种在传统上被称为"点兵点将"的游戏可以贯穿始终。但在另外一些设计中，初步学会唱以后，还可能变换演唱方式，如创编新歌词"黏黏虫""糊涂虫"等。

新授歌曲活动《头发肩膀膝盖脚》的设计借鉴传统亲子游戏中的身体部位指认、触摸和快速反应游戏的样式。

（1）教师说哪个身体部位，幼儿就触摸那个身体部位（没有固定规律）。

（2）教师说哪个身体部位，幼儿就触摸那个身体部位（按照歌词出现的规律）。

（3）教师唱哪个身体部位，幼儿就触摸那个身体部位（按照歌词规律）。

（4）教师唱哪个身体部位，幼儿就触摸那个身体部位（自由变化速度，增加反应趣味和难度）。

在有的设计中，这种传统游戏可以贯穿始终。但在另外一些设计中，初步学会唱以后还可以变换游戏方式，如在指定歌词"脚"处做默唱处理等。

新授歌唱游戏活动《森林中的小矮人》的设计也借鉴了这种在玩"点兵点将"游戏的过程中，顺带学习唱新歌的模式。游戏的具体玩法如下：

（1）全体幼儿背对教师，跟随教师的演唱自由地做动作。

（2）教师在歌唱期间，用大的衣服将其中一位幼儿"偷藏"起来。

（3）教师在唱最后一句歌词时，按节奏一字一人地点数，最后由被点到的幼儿来猜被教师藏起来的幼儿是谁。如猜错了，教师重新唱最后一句，重新点数猜谜的人，直到被藏起来的幼儿被猜出为止。

（二）从中间处插入的游戏

新授歌曲活动《小老鼠打电话》的设计也借鉴了这种"点兵点将"的游戏模式。只不过在这一设计中，游戏是从中间插进来的。其具体程序如下：

（1）如一般常规歌曲教授程序，从范唱和讲解进入。

（2）专门学唱拨电话号码的乐句，用"点兵点将"的游戏模式，点到谁，谁就扮演猫。后面大家一起扮演猫拜访老鼠的情节。最后教师再独唱"原来号码打错了"。

（3）教师完整演唱并带领幼儿完整地表演和游戏，只强调幼儿努力唱清楚拨电话号码的乐句，其他乐句任由幼儿自由模仿唱（重复次数根据具体情况决定）。

新授歌曲活动《敲小鼓》的设计用的是一种即兴创造和快速反应的游戏模式，具体如下：

（1）教师即兴创造各种声音，幼儿模仿。

（2）教师范唱歌曲。

（3）教师邀请幼儿模仿歌曲中段两种鼓声处的演唱。

（4）教师引导幼儿即兴创编歌曲中段两种鼓声，并练习演唱。

（5）教师完整演唱并带领幼儿完整演唱和做动作，教师只强调幼儿努力唱清楚歌曲中段两种鼓声处的乐句，其他乐句幼儿自由唱。

（6）教师邀请幼儿用自己的代用品模仿教师敲鼓的方式，为自己演唱的歌曲伴奏（教师应特别提醒幼儿注意伴奏的声音要和谐，不能"压倒"歌唱的声音）。

（三）在结束处插入的游戏

许多幼儿园教师比较熟悉的传统音乐游戏，真正被看作游戏的部分都是在歌曲结束处插入的。如《秋天》在结束处玩扫落叶、烧枯叶的游戏，《堆雪人》在结束处玩冰雪融化的游戏，《袋鼠妈妈》《熊和小孩》《兔子和狼》《找小猫》《网小鱼》等，几乎都是在歌曲唱完后，安排大家参与比较熟悉的追—逃或寻找—躲藏的游戏情节。下面这些范例可能带给大家一些新思路。

《锄草》，在最后安排了"苗好"和"苗死"的两种结局，要求幼儿仔细倾听教师或其他指定人员的朗诵和演唱，然后再做造型反应。

《蝈蝈蝴蛾》，在最后安排了"点兵点将"的游戏，或谁动就"罚"谁的游戏，被"大公鸡啄到"的幼儿需要对"要不要当爱吹牛的人"的问题进行创造性的"表态"。

《都睡着了》，在学会唱歌后进行分角色表演游戏，没有被要求担任特殊角色的幼儿担任观众，特别要表现出不要把别人吵醒、自己也幸福安睡的情境。

《五只猴子》，在活动快结束时，离开座位表演，教师用即时贴给幼儿贴上捧出的"大包"，最后还可以拨电话喊救护车。

《三只老虎》，最后可以假装妈妈打屁股，假装哭，假装说打得不疼，假装调皮地大笑……

（四）贯穿始终的游戏

有一些歌曲本身唱的就是一种游戏的过程，如《丢手绢》《猜谜歌》《猜拳歌》《老鹰捉小鸡》等。这种类型的歌曲，教师可在整个新授的过程中使其始终维持一种游戏的氛围。如下例：

（1）猜简单的、比较容易得出唯一答案的谜语，同时感受歌曲结束处需要唱出的部分。

（2）猜谜底稍开放的谜语，同时反复练习如何将不同歌词填入需要唱出的部分并唱出。

（3）幼儿轮流独立创编新的谜面，并尝试用歌曲规定的方式朗诵出来；其他幼儿猜出谜底，并尝试用歌曲规定的方式演唱出来，中间允许中断思考和讨论。

（4）教师鼓励并帮助幼儿尽可能连贯地进行谜语问答。

由此可见，提高歌唱教学的游戏性本身是需要创造性的。教师可能首先需要破除不必要的束缚——唱歌就是以学会歌曲和提高声乐技巧为主要目的的活动，就是以倾听、模仿、练习为主要手段的活动。打开眼界，看看自然状态下的儿童是怎样学习唱歌的；想想自然状态下你是怎样学习唱歌的；唱歌是为了快乐，试试把自己曾经享受过的各种游戏的快乐因素添加到你的歌曲教学设计中。当然，歌曲本身的游戏因素也是应当努力选择和挖掘的。如果歌曲比较一般，能不能尝试把歌曲稍稍改变一下呢？读后面的范例时，你可以仔细地留意许多歌曲实际上都被教师改造过。为了引起读者的注意，我们还请设计教学程序的教师特别指出他们在何处做了改变，为什么要做这些改变，而最重要的是从这些范例中受到启发，便于教师去做更有创意的工作。

五、发展幼儿歌唱的艺术表现力

幼儿园的歌唱活动泛指所有运用嗓音进行的艺术表现活动。因此，除了通常意义上的学习演唱带有曲调和歌词的歌曲以外，这类活动还应该包括自由地哼唱，自由地念念有词，有节奏地说，各种说、唱动作表演方式的结合等。在这类活动中，发展的标准主要体现在以下两个方面：第一，合理使用嗓音，用不容易伤害自己发声器官健康和获得良好音色的方式歌唱；第二，能够用歌唱的方式自娱自乐并合理地表达自己的感情。

（一）共鸣位置与歌唱的美好音色

帮助儿童获得正确的共鸣位置和美好自然声音的方法主要包括教师和儿童同伴的正确榜样——口面腔共鸣和向前唱；轻声入手，养成有控制的情感表达；从较高的音区开始，从上逐渐向下唱。

1.教师和儿童同伴的正确榜样——口面腔共鸣和向前唱

口面腔共鸣和向前唱，一是中国母语语言发音最自然的方式，二是获得童声清澈明亮音色的最自然的方式，三是使幼儿避免将声音压在喉咙里或压进胸腔里的最自然的防范措施。

研究人员通过长期的研究发现，作为肌肉精细运动自我反馈调控的一种模式，如何进行口面腔共鸣，如何向前唱，要通过语言来描述是非常困难的，也不大可能通过视觉或触觉的观察来交流。但是，通过听觉，人们可以自然模仿周围其他人的发音共鸣方式，如在同一个家庭中，甚至在同一个语言文化地域中，人们说话、歌唱的共鸣方式在总体上十分类似。对幼儿园歌唱教学研究的结果也证明，只要教师和儿童同伴能够提供正确的发音共鸣榜样，几乎每个幼儿都能自然掌握"口面腔共鸣和向前唱"的歌唱发音模式。

2.轻声入手和有控制地进行情感表达

在幼儿园歌唱教学中普遍存在的问题是"大声喊叫"。在幼儿用喊叫的方式歌唱时，他们身体的大部分共鸣腔是没能很好地参与共鸣的。因为，在这种情况下，幼儿的发声器官通常处在非自然的紧张状态下，甚至会因为胸部、颈部肌肉过分紧张而造成：第一，压迫血管，使颈部血管向外暴起，大量血液非正常地涌向脸部；第二，压迫气管，阻碍气息顺畅地通过咽喉；第三，引起泛化性的整个肌体紧张——脸部、头部、躯干，甚至四肢都会出现不自觉的强直状态。

全身性的强直状态可以由非自然的发声方法所引起，成为非自然舒适的内部状态的外部信号。这种非自然的体态和声音不但会通过内部的反馈循环造成歌唱者不舒适的感觉，还会造成倾听者不舒适的整体审美感觉。

通过十多年的探索和研究，我们发现在非压抑的情况下，尤其在自由、自然地进行歌唱的情况下，幼儿所发出的声音总是比较自然、舒适、松弛和美好的。而且，在这种情况下，幼儿唱走音的情况也会大大缓解。所以，轻声——用耳语似的感觉开始唱，已经成为幼儿歌唱的一种入门要诀。

有些尝试过某种"轻声入手"教学的教师会发现，一要求幼儿轻声，幼儿就会没声，即便有声，音色也总是不够清澈明亮，缺乏童声磁性。但实际研究已经证明，在"轻声入手"的初期，幼儿的音色的确会让人感到软弱，那是因为幼儿在生理和心理上还没有完全达到协调。在有着轻声入手良好习惯的班级，在演唱完全没有记忆负担和技术负担的熟悉歌曲时，在完全没有心理负担的情境下，一旦情绪、情感进入适宜的状态，明亮、美好、富于感染力的歌声就会自然出现。所以，教师不必过分地担心轻声入手会造成失去美好童声音色的问题。但是，教师又必须注意前面所指出的先决条件是"在非压抑的情况下"。由于幼儿年龄较小，自我调控的能力较弱，而且几乎没有形成自我调控的内部感觉标准，再加上幼儿心理的承受能力弱，当教师发出要求轻声歌唱的指令后，希望遵循指令的紧张感和对"何谓轻声标准"的惶惑感，迫使幼儿很难保持"非压抑"的身心状态，自然也就不可能指望他们发出自然美好的声音了。

所以，在指导幼儿做轻声入手的歌唱练习时，教师绝不能直接用指令的方式要求幼儿压低音量。真正"聪明"的办法是教师用富于感染力的、口面腔共鸣向前发音的、耳语般轻柔的声音向幼儿讲解要求、发出邀请和做出歌唱示范，提供的琴声前奏和伴奏的感觉也是一样的标准。

与不应该直接要求幼儿小声歌唱一样，教师也不应该要求幼儿大声歌唱。因为，这种直接指令同样会造成幼儿的紧张和惶惑。所以，最"聪明"的办法还是由教师做出正确、美好的榜样。现在，作为教师应该明白，即使你所歌唱的是一首很令人鼓舞和兴奋的舞蹈歌曲或行进歌曲，也并非都需要使用很大的力气来演唱。我们要努力做到的是声音不大、气势大。而气势大的关键体现在咬字、吐字所造成的声音表情的性质和由内部情感体验所引发的体态（包括脸部）表情的性质。这一点，我们将在后面进行专门讨论。

3. 从较高音区开始逐渐向下唱

有关研究表明，婴幼儿最先获得的音区是在与口面腔共鸣相适应的中音区，即在每秒振动 440 次的标准音——小字一组的 a，也就是我们通常所说的 C 调的中音"la"附近。新生婴儿刚开始学习发音时，音区还要稍稍偏高一点，通常的共鸣位置都在眼睛附近。所以，我们觉得婴儿的声音比较尖亮一些。随着年龄的增长，幼儿的共鸣位置会逐渐下移。到 3 岁左右，有的幼儿说话、唱歌的位置会掉到喉咙里甚至喉咙以下。由于幼儿下面部位的共鸣腔成熟得比较晚，幼儿应用下面部位共鸣腔的能力也成长得比较慢，所以有关专家根据多年的研究结果建议：在对 3 岁幼儿进行集体歌唱发音教学时，应从"重新唤醒"婴儿时期的高位置发音感觉开始。

为了更自然地让幼儿学会使用自己美好的嗓音，教师在幼儿园的集体歌唱活动和其他有关活动中可以这样做：①利用各种机会自然地引导幼儿发出从高处滑向低处的声音，如讲故事时模仿刮风或流星从天上划落下来等；②歌唱时尽量保证大部分的音高在 C 调"fa、sol、la"周围；③歌唱之前先唱一两首音域较窄的有趣小歌，从较高的调开始向下移调，也就是嗓子的"热身运动"。

（二）咬字、吐字、气息与歌唱的情感表达

1. 咬字、吐字与情感表达

中国传统的声乐理论最讲究的技能之一就是字正腔圆。"字正"要求的是发音时字头、字腹、字尾的准确到位和恰到好处。"准确到位"的目的是要使听者能轻易听出唱者所唱的内容；"恰到好处"的目的是使听者听得舒适、入耳，并能自然产生情绪、情感的共鸣。"腔圆"所要求的是字头吐出后能自然地保持字腹，并在恰当的时候收尾、归韵。正确地保持字腹和正确地收出字的尾韵，不仅是为了使听者能听清所唱的内容，也是为了"腔圆"，即唱出有适宜共鸣的圆润的歌声。由于幼儿是通过模仿来学习歌唱的，所以作为歌唱范例的主要提供者，教师在吐字发音时，首先自己要做到字正腔圆。

一般来讲，日前幼儿园教师比较容易犯的第一种错误是不太注意认真发出没有唇、齿、舌破擦动作的声母。如在"摇啊摇，摇啊摇，我的娃娃要睡觉"这一句歌词中，"摇""我""娃""要"这些字都含有不带破擦动作的声母"y"和"w"，而由这两个声母开头的字，都是不容易发清楚的。在教师不特别注意的情况下，整首歌曲唱下来，往往只能听清楚"睡觉"两个字，而这两个字的声母恰恰都是带有破擦的"sh"和"j"。解决这个问题的办法是在内口腔另外"做"出一个字头的破擦动作，缺乏经验的教师可以慢慢摸索这种"做"的感觉，自己评价的标准是"字头"能够让人听得清晰自然。

目前，幼儿园教师比较容易犯的第二种错误是把字头"咬死"，把字腹、字尾"咬僵"，或平均用力地强调每一个字的每一部分。解决这个问题的办法是反复朗诵歌词，注意倾听或请别人倾听自己的发音是否清楚、是否自然流畅、是否富于情绪感染力。

咬字、吐字技能的使用，不仅对歌唱内容表达的清晰程度十分重要，而且对歌唱情绪感染的强烈程度也是十分重要的。有力的声音通常是由咬字吐字的较强力度、较快速度和较强的气息流动共同造成的，而柔和的声音通常是由咬字吐字的较弱力度、较慢的速度和较弱的气息流动共同造成的。

2. 气息与情感表达

音与音之间的气息流动模式所造成的断顿、跳跃、连贯等音响特征，也是歌唱情感表达的重要影响因素。在歌唱实践中，由咬字、吐字和气息应用共同构成了与情感表达紧密相连的演唱方法，各种唱法所暗含的情感表达意义也常常通过文字或符号在乐谱中提出。文字提出的唱法表情要求有柔和的、跳跃的、坚定有力的、雄壮有力的或宽广的、豪迈的等。

3. 帮助儿童获得表现歌曲内容和情感的方法

帮助儿童清晰准确地表现歌曲内容和富于感染力地表达情感的方法主要有四方面：①教师和儿童同伴的正确榜样；②从情感体验入手，由内向外，以情带声，身体自然参与体验和表达；③教师从歌曲情感分类分析入手，结合歌曲的情感表达，指导儿童自然应用各种基本演唱方法；④教师的伴奏以及讲解和指示语言具有良好的情感感染性。

4. 教师的歌唱榜样

帮助儿童清晰准确地表现内容和富于感染力地表达情感的方法主要是教师应时时处处给儿童做出正确的歌唱榜样。为此，教师应尽量争取更多机会面对面地对着儿童歌唱或带着儿童歌唱；经常使用不带伴奏的清唱和稍带夸张口型的歌唱，随时注意自己在歌唱时情感表达的准确性和感染性。

其中，可利用的具体方法有四方面：①教师可利用其与儿童同伴的正确榜样，自然而认真地唱准字头、字腹、字尾，自然而认真地唱好"逻辑重音""情感重音""句首重音"；②教师应随时注意从情感体验入手，由内向外、以情带声，身体自然参与体验和表达；③教师应从歌曲的情感分类分析入手，结合歌曲的情感表达分别指导儿童唱好连音、跳音、重音、保持音等基本演唱方法；④教师的伴奏、讲解以及指示语言具有良好的情绪感染力。

第二节　韵律活动游戏化实施策略

一、幼儿园韵律活动教学的主要内容

（一）韵律动作及其组合

1. 韵律动作

在学前儿童音乐教育活动中采用的韵律动作一般可分为基本动作、模仿动作和舞蹈动作。

基本动作是指儿童在反射动作的基础上发展起来的生活动作，如走、跑、跳、摇头、点头、弯腰、屈膝、击掌、招手、抓握等。

模仿动作是指儿童在表现特定事物的外在形态和运动状况时所用的身体动作，如鸟飞、鱼游，刮风、下雨，花开、树长等。此外，还有儿童模仿日常活动的动作，如洗脸、刷牙、拍球、打气等。模仿成年人活动的动作，如锄地、撒种，骑马、打枪，织网、采茶，开飞机、开火车等。

基本动作和模仿动作是 3～5 岁的儿童韵律活动的主要学习内容。

舞蹈动作是指经过多年的演化和进步，已经程式化的艺术表演动作。这类动作多数比较适合 5～6 岁的儿童学习。幼儿园各年龄段儿童学习的舞蹈动作主要是基本舞步，如 3～4 岁学习小碎步、小跑步，4～5 岁学习蹦跳步、垫步、踵趾小跑步、侧点步，5～6 岁学习进退步、溜冰步、交替步、跑跳步、跑马步、秧歌，十字步，等。

在学前阶段，臂和手的舞蹈动作很少进行专门的学习。常见的臂的动作是摆动和划圈，常见的臂的姿态是平举、上举、下垂和曲肘。幼儿园通常在中班安排学习"手腕转动"（翻手腕花），在大班安排学习"提压腕"（硬腕）。

2. 韵律动作组合

韵律动作组合指按一首完整音乐的结构组织的一组韵律动作。

在学前儿童音乐教育活动中采用的韵律动作组合，一般可分为身体节奏动作组合、律动模仿动作组合、表演舞、集体舞、自娱舞等。

（1）身体节奏动作组合。身体节奏动作组合是近年来从国外引进的一种韵律活动，组合中的动作均为简单的击打、顿踏动作。这些动作通常能够发出声音，如击掌、拍击身体的某个部位、捻指、用不同的方法踏脚等。这种组合一般没有象征性含义，但比较注意动作和音色变化的组织结构。律动模仿动作组合中的动作多为模仿动作。这种组合一般也注意动作的组织结构，但更注意对模仿对象的表现。如种子睡觉，种子发芽，幼芽长成大树，大树开花结果；小姑娘起床梳洗，小姑娘去果园劳动；等等。

（2）表演舞组合中的动作以舞蹈动作为主。这种组合比较讲究动作的组织结构，其中有的含有一定的简单情节，有的仅表现一种情绪。

（3）集体舞组合（含邀请舞）中的动作以舞蹈动作为主。这种组合比较讲究动作的组织结构，但更重要的特点是队形在空间中的变化和舞伴之间的配合、交流。在这种组合中，简单、少量的同一动作反复进行是比较常见的结构手法。

自娱舞组合在结构类型和结构方式上都比较自由，可以一个人跳，也可以几个人一起跳。舞伴之间的交流配合方式也十分自由和即兴。

以上各种组合及舞蹈，除表演舞较适宜大班儿童学习外，其余各种组合及舞蹈各年龄段的儿童都可以学习。

（二）韵律活动的类型

（1）律动的动作主要来自以下两个方面：一是儿童在反射动作的基础上发展起来的一般动作，如拍手、点头等；二是儿童因模仿周围事物的外形或运动状态而创造出来的动作，如小蚂蚁搬东西等。

（2）舞蹈的动作主要来自儿童的模仿学习，一是在幼儿园中通过教师或其他幼儿习得，二是从社区文化活动的现场或从大众传播渠道习得。这些动作都是人类身体艺术造型实践的结晶，即使儿童在习得这些动作语汇的过程中有许多自己的改编或发展，但其基础还是通过模仿获得的。这也是舞蹈与律动的最大不同之处，需要注意的是随着儿童的日益成长，这两者的界限也将更加模糊。所以，一般的观念是：律动是特指幼儿所从事的更加简单、更加原始的身体艺术造型活动。舞蹈在幼儿园中，又可以再划分出自娱舞蹈、集体舞蹈和表演舞蹈等种类。其中，自娱舞蹈的教育重点在于自娱自乐，集体舞蹈的教育重点在于适应空间变化和人际交流合作，表演舞蹈的教育重点在于发展表现欲望和表现能力。

（3）歌唱表演在幼儿园中特指伴随歌唱进行的身体表现活动，歌唱与动作表演在此是一体不可分割的，教师为了更好地把握教学的重、难点，也可以这样说：从歌唱教学的角度，重点在"动作伴随歌唱"；从韵律活动教学的角度，重点在"歌唱伴随动作"。

（4）动作表演游戏也是一种人类早期及儿童早期的未经分化的活动，这种活动，一方面兼有运动身体、做表演娱乐他人和做游戏娱乐自己的性质；另一方面又兼有学习音乐、学习运动和学习游戏的性质。

（三）韵律活动的简单知识和技能

1.掌握动作的知识和技能

（1）身体部位运动的方式。如手臂挥动时的运动路线是直线、曲线还是弧线。

（2）身体部位运动的方向。如头部运动时是向上、向下、向前、向后，还是向左、向右。

（3）重心控制。如无论静止或移动时，臀部都尽量向里、向上收，不应向下沉或者向后撅。

参与运动各身体部位的配合。如脚做垫步，手做手腕转动。参与运动的身体部位之间的关系，如在做摘苹果和放苹果的动作时，两眼要一直看着手，头部要自然地配合眼睛运动。

2. 变化动作的知识和技能

（1）变化动作的幅度。如手臂划圈时，可以划大圈，也可以划小圈。

（2）变化动作的力度。如走步时可以重重地踏脚，也可以轻轻地踮着脚走。

（3）变化动作的节奏。如在做采茶动作时，可以快快地采，也可以慢慢地采，还可以快采几次再慢采几次。

（4）变化动作的姿态。如在做踏点步时，动力腿可以点在主力腿的前面，可以点在主力腿的旁边，也可以点在主力腿的后面。再如，在做挤奶动作时，可站成弓箭步做挤奶动作，也可以蹲着或者跪着做挤奶动作。

3. 组织动作的知识和技能

（1）按情节内容组织。如小熊饿了慢慢走，小熊吃蜂蜜，吃饱了高兴地跳舞。这种组合方式最容易引起较小年龄儿童的兴趣，也比较容易为较小年龄的儿童所掌握。

（2）按身体部位的某种秩序组织。如自下而上地踏脚、屈膝、扭胯、耸肩、摆头。学习这种组织方式，有利于发展学前儿童的秩序感。

（3）按音乐的重复与变化的规律组织。即音乐相同做相同的动作，音乐不同做不同的动作。学习这种组织方式，有利于学前儿童感知音乐的结构。

（4）按对称的原则组织。如在右边或向右做一个或一组动作之后，再在左边或向左做一个或一组相反的动作。学习这种组织方式，有利于发展学前儿童的均衡感和对称意识。

（5）按主题动作组织。即在一个韵律动作组合中，某一个特定的动作反复出现或反复变化出现。学习这种组织方式，有利于发展学前儿童的整体统一意识。

（四）韵律活动的常规

由于进行韵律活动时幼儿经常处在运动和兴奋的不稳定状态，往往不容易自动注意到保持良好的秩序才能使自己获得更大的身心愉悦。所以，幼儿学习韵律动作时也需要学习保持良好秩序的知识和技能，也称为韵律活动常规。这些知识技能的习得，既能养成学前儿童的纪律性和责任感，又是韵律活动顺利进行的保证。集体韵律活动的常规一般包括以下内容：

1. 活动开始和结束的常规

（1）听音乐的信号起立和坐下。

（2）听音乐的信号开始活动和结束活动。

（3）在没有特殊要求的情况下，活动后自己找空位子就座。

（4）活动结束时，自己收拾道具和整理场地。

2. 活动进行的常规

（1）在规定的范围内活动。

（2）在没有队形要求的情况下，找比较宽阔的地方活动。

（3）在自由移动的情况下，不与他人或场内的障碍物（道具、桌椅等）相撞。

（4）在自由结伴的活动中，迅速、安静地在规定时间内寻找、选择和交换舞伴，分组和分配角色。

（5）在自由结伴的活动中，热情而有节制地与舞伴交流、合作。

（6）自由律动过程中尊重他人的学习速度和表达意愿，集体舞蹈过程中仔细倾听和独立思考教师的讲解。

（五）幼儿园韵律活动材料的选择

韵律活动的材料包括动作、音乐和道具。因此，在为学前儿童选择韵律活动的材料时，也要分别从以下三个方面来考虑：

1. 动作

在为学前儿童选择动作时，主要需要考虑的是儿童的兴趣和能力。因此，动作的类别和难度应是选择动作的两个基本出发点。

（1）动作的类别

学前儿童学习的主要韵律动作有以下三类：基本动作、模仿动作和舞蹈动作。

3~4岁的儿童最感兴趣的是模仿动作。他们所关心的不是动作本身，而是动作所表现的熟悉事物。所以，在为4岁以前的儿童选择韵律动作时，应以模仿动作为主，如生活动作、劳动动作，以及各种动植物、交通工具、自然现象等。

3~4岁的儿童对跟随音乐做自己熟悉的基本动作也很感兴趣，因为跟随音乐做熟悉的动作，既轻松又有节奏感，与在生活中做这些动作有所不同。所以，在为4岁以前的儿童选择韵律动作时，也可较多地选择基本动作，如走步、拍手、点头、摸脸蛋、拉耳朵、用手指点等。

另外，有些基本舞步如小碎步、小跑步等，如果能够结合儿童所熟悉的事物，作为模仿动作的语汇提供给儿童，他们也是乐于接受的。

4~6岁的儿童仍然对模仿动作抱有浓厚的兴趣。因此，在为他们选择韵律动作时，仍应多选模仿动作。

随着幼儿年龄的增长，韵律活动经验的增加，中班以后，许多儿童特别是女孩子开始对动作的形式美产生兴趣。因此，在为中、大班儿童选择韵律动作时，可以逐步增加舞蹈基本动作的内容，以满足他们发展的需要。

（2）动作的难度

学前儿童的动作发展主要有以下三条规律：从大的整体动作到小的精细动作、从单纯动作到复合动作、从不移动动作到移动动作。

3～4岁的儿童最容易接受的是不移动的单纯上肢大肌肉动作。随后，儿童可以逐步学习单纯的下肢动作。最后，在上述基础上儿童才能逐步学会做简单的上下肢联合移动动作。

另外，3～4岁的儿童比较容易接受连续重复的动作。动作变换一般应在段落之间进行，偶尔也可以在乐句之间进行。

4～6岁的儿童可以较多地学习移动动作。其中，可包括含有腾空过程的跑、跳动作和复合动作；也可以学习手腕、手指、脚腕、眼睛、肩膀、膝盖等部位比较精细的动作。随着儿童记忆和反应能力的提高，动作变换可以较多地在乐句之间进行，偶尔还可以在乐句之内进行。

总的来讲，学前儿童动作能力的发展是有限的，应尽量先从单纯的、不移动的、大肌肉的分解动作入手。如在学习侧点步手腕转动时，应在分别学会侧点步和手腕转动以后，再进行复合动作的学习。

这里需要指出的是当儿童结伴做动作时，由于需要注意到相互之间的配合，同一种动作的难度便相应地提高了。因此，在为各年龄段的儿童选择结伴韵律活动时，应考虑儿童是否已经有了相应的单独做动作的基础。比如，在做扶老年人走路的动作时，要先有学老年人走路的基础。

2. 音乐

为学前儿童选择的韵律活动的音乐，应具有以下特点：

（1）节奏清晰，结构工整。人的生命运动本身就是有规则、有秩序、有节奏的运动。因此，节奏清晰、结构工整的音乐，更能够激发学前儿童进行韵律活动的欲望，也更容易让学前儿童用动作来表现。

（2）旋律优美，形象鲜明。除少数特殊需要的动作以外，为学前儿童选择的韵律活动音乐应该是优美动听的。优美动听的音乐容易引起学前儿童的好感，激发他们参加韵律活动的欲望。同时，形象鲜明也是音乐能够吸引儿童的重要条件之一。特别对于模仿动作和表现情节、情绪的舞蹈来说，音乐形象鲜明就显得更为重要。

在选择韵律活动音乐时，还应该注意多选不同节奏、不同性质、不同风格的音乐，以扩大学前儿童的音乐眼界，提高他们对音乐做出动作反应的能力。如可以为同一种动作选用不同的音乐，以锻炼儿童的迁移能力；也可以为不同的动作选用同一曲音乐，使用时可根据具体要求改变音乐的某一种或几种要素，如节奏、音区、速度、力度等，以锻炼儿童的应变能力。

在这里需特别强调的是，在实际的韵律活动中要十分注意音乐速度的选择。在为3岁左右的儿童伴奏时，应注意先用音乐去跟随儿童的动作；待儿童逐步学会用动作跟随音乐以后，再选用中等的速度，有研究认为应是每分钟120～130拍的速度。待儿童控制自己动作的能力逐步增强后，才可采用稍快或者稍慢的速度以及突然变化或逐渐变化的速度。

3.道具

在学前儿童的韵律活动中，大部分情况下并不使用道具。在需要使用道具时，所选道具应具有以下特点：

（1）能增加活动的趣味性，扩大动作的表现力，但又不会妨碍儿童做动作或移动，不会使儿童因过度兴奋而游离于活动之外，又不存在潜在的人身伤害危险。因此，所选的道具除比较新颖有趣以外，还应比较容易取放、抓握，如不宜过大、过重，使用技巧也不宜过于复杂。

（2）能增强儿童的美感，能引发和丰富儿童的想象、联想。因此，所选道具不宜粗制滥造，也不宜过于讲究逼真。在选择道具时，仅向儿童提供某种线索，让儿童自己去选择道具；或仅向儿童提供某种材料，让儿童自己去制作道具等，对发展儿童的想象力和动手能力大有益处。不宜在经济上或在教师的精力上过多投入，而且多使用儿童身边的常见物品甚至是废旧物品，让儿童自己决定怎样利用它们来进行舞蹈表演，更有利于儿童的审美敏感性、环保意识和创新能力的发展。

二、幼儿律动游戏

（一）幼儿律动游戏的特征

1.音乐与动作紧密结合

舞动身体是幼儿本能的反应，它源于幼儿对节奏、旋律的心神意会。而幼儿律动正是把音乐与动作完美地结合起来，使它们成为一个不可分割的整体。在律动游戏中，幼儿会跟随音乐舞动肢体，不知不觉中完成对基本音乐要素的了解和掌握。如用身体表现音乐速度的快慢、力度的强弱、音调的高低、段落的划分等。把动作与音乐紧密结合，不仅能帮助幼儿更好地掌握音乐的节拍、韵律，还能让他们通过游戏获得探索身体动作的乐趣，体验音乐意境的美。

2.与生活经验连接

幼儿感兴趣的律动游戏大都来自幼儿生活中的经验，从幼儿熟悉的人物、动物、事物等形象中提炼出舞蹈动作，也就是"生活化"的肢体语言，幼儿会觉得很有趣，有尝试的欲望。律动游戏应从反映幼儿生活经验的动作素材入手，并在游戏中将生活动作舞蹈化，这种寓教于乐的音乐活动会极大地提高幼儿探索动作的学习兴趣。

3.以想象与即兴为主

由于幼儿的形象思维占主导地位，行为表现为好奇、好动、好模仿。在律动游戏中，幼儿往往容易加入自己的直觉和想象，喜欢夸张地表现事物，因此故事性的表演游戏适宜成为律动游戏的主要内容。在游戏中，幼儿不仅运用模仿和想象产生肢体动作，也常常会随着音乐情绪的变化即兴地进行肢体表达。

（二）幼儿律动游戏的功能

律动游戏是让幼儿在音乐的感染下，学会用符合旋律的动作抒发自己的情感、体验音乐。通过律动练习，不仅可以培养幼儿对音乐的感受力，还可以促进其身体敏捷性、协调性的发展，更对幼儿的智力、社会性、艺术性等方面的发展起到不容忽视的作用。其具体表现如下：

1. 促进幼儿身体机能的发展

幼儿律动活动是通过一系列舞蹈动作达到儿童身体协调性训练的重要步骤。在律动游戏中，正确、适度的活动会加速幼儿的血液循环，增加营养供给，促进骨骼生长，规范的动作也会让幼儿的肌肉能力得到不断加强，如快速的大动作会使幼儿的爆发力得到锻炼，而简单的涉及柔韧性的动作会使肢体有更大的延伸和变化。除此之外，律动游戏还会对幼儿的心肺功能、关节和韧带的生长，以及平衡感、控制力、身体的协调性和灵活性等方面的发展起到促进作用。

2. 促进幼儿智能的发展

律动是一项需要丰富的想象力和创造力的活动。要想发展幼儿的想象力和创造力，就应当使幼儿同时获得视觉、听觉、触觉、动作及其他刺激，律动就是同时融合各种刺激的一种活动。所以，也正是这些活动刺激了幼儿的运动神经，使他们体会到各种身体动作所带来的感觉，这对幼儿智能的发展来说具有重要意义。

律动中的形象是一种广泛的、对音乐意境产生的生动想象。因此也正是这种律动形象，唤起了幼儿对相关事物的视觉印象、听觉印象以及由此产生的联想等，从而发展了他们的创造力。这也就是说，音乐游戏活动中的律动游戏，不仅培养了幼儿动作的敏锐反应力、身心自我控制和把握的能力，还培养了他们的专注力、观察力、思维力和想象力。通过这些动作，还为幼儿的抽象思维发展提供了条件。

3. 促进幼儿情感的发展

情感发展在一个人的成长过程中占有重要而特殊的地位，它关系到智能、性格、道德等各个方面的发展。幼儿早期是情感发展的奠基期，也是情感教育的黄金期，充分发挥律动游戏的情感感染功能和强化功能，与幼儿相应的积极情感产生共鸣尤其重要。

律动游戏中所反映的内心情感，对于丰富和发展幼儿情感是非常有利的。如活动中所表达的欢乐、愉悦、活泼等情绪会对幼儿产生深远的影响，健康、积极的情绪体验也将促使幼儿形成乐观进取的性格。这种"以美诱人、以情诱人"的音乐活动，不仅使幼儿的情绪稳定、情感丰富，也让幼儿拥有了自信、勇敢和快乐。

4. 促进幼儿艺术素养的发展

律动游戏活动以音乐为工具，以审美感知为出发点，以情感为动力，在不断挖掘幼儿创造潜力的同时，使幼儿心灵在美的节奏中和谐发展。幼儿在潜移默化中受到音乐及相关艺术的熏陶，陶冶了性情，提高了发现生活之美和艺术之美的能力。游戏化的律动表演带给幼儿的不仅是动作能力的提高，更多的是引导他们运用动作去探索自我、探索艺术、探索音乐文化。

三、幼儿韵律游戏的设计与指导

（一）小班幼儿律动游戏的设计与指导

1.小班幼儿律动能力的特征

（1）以模仿为主。爱模仿是小班幼儿的重要特点，也是这个时期幼儿学习的重要手段，他们正是在模仿中成长的。模仿不仅可以成为他们的学习动机，也可以成为他们学习他人经验的过程。由于幼儿的骨骼和肌肉纤维都没有发育完成，平衡能力和控制能力都比较差，甚至连随着音乐的节拍进行整齐的拍手或者踏步都不容易，所以律动游戏中的动作要尽量简单、生动直观，易于幼儿的模仿和学习。

（2）以单纯动作为主。小班幼儿擅长大而整体的动作、单纯的动作和不频繁移动的动作。这和小班幼儿的动作生理特点有关，他们可以完成基本的舞步，如小碎步、小跑步、横移步、进退步等，能自由地运用手、臂和躯干来做各种单纯的动作，如勾、绷脚，吸、伸腿，弯直与柔韧，从而认识人体的相关部位，力求节奏与动作的协调平稳。

（3）持续时间短。处于小班年龄段的幼儿特别好动，注意力易分散，而在相对强度较高的律动游戏中，幼儿的注意力集中时间更短，因此在进行律动游戏时，时间不宜过长，适中的游戏时间可以让幼儿一直快乐地起舞。研究表明，小班幼儿律动游戏时间安排在10～15分钟为宜。

2.小班幼儿律动游戏的设计

（1）音乐的选择。由于小班幼儿的年龄较小，我们对音乐的选择要符合该年龄段的特点。歌曲的节奏要鲜明，强弱要清晰，这样的音乐便于提示幼儿掌握节奏、韵律。乐曲的速度以适合幼儿动作展开为目的，一般为中速。因为小班幼儿的骨骼和肌肉发育得不很成熟，速度较慢的歌曲幼儿很难长时间保持在一种状态，对于速度较快的歌曲幼儿动作跟不上节奏，从而导致幼儿丧失对律动游戏的兴趣。律动音乐的内容要与幼儿的生活经验相关，这样便于他们认知和了解游戏要表达的情境和情绪，幼儿就会自觉地投入律动中。

（2）活动目标。小班律动游戏指导应遵循发现幼儿的创造力和想象力，因此在活动目标上，以情感为主，肢体动作为辅，发展幼儿在律动游戏中积极参与的态度，感受律动游戏带给他们的快乐。

（3）活动准备。

①教师自身准备：包括音乐、表演能力或者音频、视频资料的掌握。

②环境准备：包括教师的站位、环境的布置、游戏所用的道具等。

③情感准备：教师要在游戏前进行有关律动的情感引导，如介绍歌曲或音乐所要表达

的内容等，从而让幼儿融入律动游戏中。

（4）活动过程。根据小班幼儿的年龄特征，教师的律动教学更应以游戏导入为主，让小班幼儿在玩中探索动作的发展。教学过程要围绕主题进行动作协调性训练、即兴的随乐表演、舞蹈动作的模仿或者情境的表演等，比如通过游戏增强幼儿对身体部位的认识和动作的反应能力，教师发出口令"小朋友，头碰头""肩碰肩""膝盖碰膝盖"等，让幼儿按照口令做出相应的动作，在游戏中既学会了律动，也感觉乐趣无穷，让幼儿带着愉快的心情完成律动课程。

（5）教学建议。教学中尊重、理解、激励每个幼儿的动作创造力，根据幼儿的动作能力差异培养其对律动的兴趣。以发展的眼光恰如其分地评价每个幼儿的律动才能。

（二）中班幼儿韵律游戏的设计与指导

1. 中班幼儿律动能力的特征

（1）动作形象生动。中班幼儿是整个幼儿期思维特点表现得最为典型的时期，即思维的具体形象性最为突出。随着他们肢体语言表达能力的增强，律动游戏也呈现出生动形象的特点。幼儿不仅能模仿各种与他们生活经验相符合的舞蹈动作，而且能够展开丰富的联想，根据游戏情节进行简单的即兴动作创编。

（2）自行确定游戏主题。中班幼儿处在游戏的高峰期，他们不仅爱玩而且会玩游戏。因此在律动游戏中，幼儿可以自己确定游戏主题，安排角色。而教师可以引导幼儿更好地用动作表现律动的主题内容，把动作意识渗透在律动之中，从而提高动作的表现力，培养幼儿的艺术感受能力。

（3）动作表达多样化。中班的幼儿，在律动练习中可以做一些简单的舞姿变换练习，可以根据需要变换上肢和躯干的动作速度和幅度，也可以由单一舞步通过节奏变化做一些稍微复杂的连续移动动作，如"错步""交替步""秧歌""十字步"等，并认识脚的位置：一位、二位、五位。还可以做一些双脚的小跳动作，在做跳的腾空动作过程中要保持重心和平衡性。

（4）活动时间略有延长。中班幼儿的心理活动水平、神经系统等方面得到进一步发展，兴奋和抑制过程都有较大的改善，表现在幼儿不像以前那么容易疲劳，集中精力从事游戏活动的时间也比小班有所延长。他们在律动游戏中的持久性、目的性和专注性也有了比较明显的提高，研究表明中班幼儿的律动游戏时间安排在 15～20 分钟为宜。

2. 中班幼儿韵律游戏的设计

（1）音乐与动作的选择。在音乐的选择方面，中班幼儿对基本节奏型比较熟悉，对有个性的音乐有很大的兴趣。中班幼儿可以选择的曲目有很多，尤其是形象鲜明、容易联想和情感迁移的作品。音乐风格上不仅仅停留在简单的儿童音乐中，一些有地方音乐特色的作品也可以作为律动的材料。

动作的编排应以基本动作和模仿动作为主，可以对动作的规范性和技术难度做要求。

要注意动作的形象性，编排动作时应该给幼儿留下遐想的空间，这样他们才能用自己的方式来表现，而不是一味地模仿，这是律动游戏的重点。

（2）活动目标。积累和学习按照音乐节奏进行的简单上下肢联合的动作，如蹦跳步、垫步、侧点步和手腕转动等，初步了解动作变化的规律。在活动过程中注意合作与协调，不与其他人相撞，调节自己的活动空间，学会有表情、有情感地参与律动游戏，享受在音乐中用肢体动作进行即兴创编的快乐。

（3）活动准备。

①教师自身准备：所用的音乐作品选段、对音乐节拍特点的掌握、动作的编排。

②环境准备：教师的站位、环境的布置、游戏队形及所用道具等。

③情感准备：音乐或者故事的铺垫、了解幼儿相关情感体验的经验。

（4）活动过程。以激发兴趣为主，幼儿对于事物或者活动的兴趣很多是由外部因素激发的，而且这种兴趣的特点是直接兴趣和短暂兴趣，如果教育得当，这种兴趣就会不断地强化，逐渐发展成间接兴趣和稳定兴趣。教师要根据教学内容和教学过程以"新"和"异"来诱发幼儿的直接兴趣。"动"是幼儿与生俱来的一种本能，律动游戏教学要提醒幼儿用心体验音乐，用动作感受音乐、表达音乐。在做动作之前的欣赏过程中，要让幼儿自己发现音乐的特点，包括节奏和内容，重视幼儿节奏感的训练，改善儿童的姿势，提高动作质量。

（5）教学建议。加强课前音乐分析的教学准备工作，动作的示范尽可能生动形象。对幼儿的指导以鼓励为主，由于幼儿的经历和经验都是有限的，所以选择的音乐和动作都要特别鲜明、生动。教师教学的时间不宜太长，根据不同年龄段的特点设定时间，有些律动游戏的活动目标往往不是一次可以达到的，所以教师不要追求游戏的形式化，要注重律动活动的实质。

（三）大班幼儿韵律游戏的设计与指导

1. 大班幼儿韵律能力的特征

（1）动作的抽象性增强。随着身体的成长和神经系统的成熟，大班幼儿的思维水平比小中班的幼儿有所提高，虽然他们的思维还是以具体形象的思维为主，但是出现了抽象逻辑思维的萌芽。在这个过程中，律动游戏为幼儿抽象思维的发展提供了机会和条件。例如，在律动活动中，教师可以教授具有某种风格特色的舞蹈动作，大班幼儿对简单抽象的舞蹈动作可以熟练掌握。

（2）动作与音乐的协调性增强。此年龄段的幼儿经过前一阶段的练习，动作已经完全能和音乐一致，大部分幼儿能够感觉到音乐的基本节拍，做动作时能很快抓住音乐的节奏，随着拍子的快慢和渐快渐慢而改变动作的速度。同时，对音乐情绪的把握也比较准确，尤其表现在音乐即兴活动中。另外，大班幼儿用动作创造性地表现音乐的积极性也很高，他们能根据音乐的旋律创造出"律动的动作"，并能用独特的节奏创造出独特的、性格化的动作。

（3）活动时间相对较长。大班幼儿的大脑皮层的细胞发育迅速，他们的注意力集中程度和稳定性都有所增强，身体发育较快，细小动作的灵活性也有了很大的提高，弹跳力得到较好的发展。他们对感兴趣的游戏活动比中班幼儿能保持更长时间的注意，研究表明大班幼儿律动游戏时间安排在 20～30 分钟为宜，活动的强度可以适当加大。

2. 大班幼儿韵律游戏的设计

大班韵律游戏的特点是幼儿能自主参与到音乐的肢体表达中，通过自己的理解和教师的指导进行表现和创编等。所以，教师不仅要注重音乐的选择，更要注重动作创编的可行性等。由于大班幼儿的思维能力已经发展得很好，所以不要单一地进行模仿性和基本动作的编排表演，可以发挥幼儿更多的想象，表达其所要表达的动作。这个阶段教师可以作为很好的观察者和引导者。

（1）音乐与动作的选择。大班律动游戏的音乐范围可以从轻快柔和的经典音乐、儿童音乐、中国风的音乐基础上，增加特定风格的中国音乐（如藏族音乐、新疆音乐等），同时可选用具有异域风情的外国音乐或者部分情绪健康的成年人音乐作品。大班幼儿对新异的音乐形式有浓厚的兴趣，可以进行律动的音乐体裁和题材更广泛。

大班的律动，动作编排可以加强开、绷、直、吸、拧、抬等动作与手、腕、肩、膝、眼的配合，可以将单一动作进行组合，在步伐组合和表演性的小舞蹈中提高幼儿的记忆与反应能力，注重追求姿态和动作美。在动作的选择上，要尽量以生动形象为主，大班幼儿在肢体变化方面要强于小、中班幼儿，所以在基本动作的基础上可以加上生动的表情或更有个性的动作。

（2）活动目标。大班幼儿不仅可以独立完成舞蹈动作的模仿和简单的创编，而且可以在教师的引导下进行音乐剧表演、歌唱表演和集体舞表演。大班幼儿对动作的记忆力明显提高，可以对幼儿动作的协调性和舞姿的优美性提出更高的要求。在律动游戏中，可以增加规则性游戏或者角色扮演的游戏，激发幼儿创编动作的欲望，并让幼儿从小建立用动作表达感情的意识和素养。

（3）活动准备。

①教师自身准备：基本的音乐素材、动作编排、对音乐节奏和游戏规则的分析和准备。

②环境准备：教师的站位、环境的布置、律动游戏要用到的道具等。

③情感准备：教师可以简明地分析、介绍音乐的风格和所要表达的情感。

（4）活动过程。律动游戏的动作应按照年龄的特点设计，在活动过程中注重舞蹈的表演性，教师的示范要到位，从整体动作到小的精细动作都要一一教授。教师应从幼儿理解的角度出发，发现每个动作的特点、抓住重点，这样可以让幼儿学习得更直观。注重模仿之外的动作创编过程，运用游戏的方式帮助幼儿回忆和尝试各种动作。因为大班幼儿律动游戏中会安排很多表演类的游戏，所以道具的设计也是不可缺少的，比如加入打击乐器以及脸谱、头饰、服装等，这对游戏的完成有很大的推动作用。

（5）教学建议。教师要善于运用多种形式进行律动游戏的设计，着重培养幼儿的舞蹈兴趣，引导他们感受音乐的美好与神奇。教学中可以运用观察、回忆、复习基本动作，辅以音乐欣赏、舞谱，以及故事渲染等方式增强游戏的趣味性。

四、游戏化韵律教学

实际上几乎所有的幼儿音乐游戏都应该包含身体运动，因为幼儿天生好动——神经的兴奋能力发展快于抑制能力发展，主要使用动作感知、体验、思维和表达。因此，我们童年时经常与父母、祖父母以及小伙伴一起玩儿的许多手指游戏（如"点虫虫"）、身体接触游戏（如"打花巴掌""编花篮""挤油渣""打手"）、比大游戏（如"猜拳"）、传递游戏（如"击鼓传花"）、追逐游戏、跳绳或跳皮筋游戏、抓子儿游戏（如抓沙包、抓石子儿）等。

各种形式的徒手或器械游戏，只要加上儿歌或音乐，就自然地变成了律动游戏。尽管游戏或非游戏并不是界限分明，但为了便于理解，我们还是做了以下四种大致区分：

（一）从开始处进入的游戏

有些游戏化的律动教学是从活动开始就直接进入韵律游戏，中间也许会加入演唱歌曲或其他活动，最后一般也以独立地玩律动游戏结束。请看以下范例：

范例5-2-1：蚊子（中班律动游戏）

（1）模仿教师将自己的双手相互叠加在一起。教师唱歌，大家一起随歌声有节奏（一拍一次）地轻轻左右摇动身体，在教师唱最后一个音时抽上来，轻轻用两个手指"捏"一下，模仿教师将被压在下面的手抽上来，轻轻用两个手指"捏"下面的手的手背，同时用嘴发出"喷"或打响舌的声音（可连续做两三次）。

（2）幼儿模仿教师两两结伴，每人各伸出一只手，随着教师的歌声有节奏地玩这个游戏。

（3）幼儿模仿教师两两结伴，每人两只手交叉叠加，随着教师的歌声有节奏地玩这个游戏。

（4）尝试模仿教师，每人两只手交叉叠加，在每个乐句第一拍时，左手移动到最上面。继续听教师唱歌，并有节奏地玩这个游戏。

（5）幼儿尝试和教师一起唱这首新歌。

（6）尝试独立唱这首新歌。

（7）尝试独立边唱边玩上述某种难度的律动游戏。

（二）从中间处插入的游戏

有些游戏化的律动教学在活动开始并不直接进入律动游戏，而是熟悉配合律动的音乐等，从中间逐步插入韵律游戏，如以下范例：

范例5-2-2：鼓和鼓手（大班创造性律动游戏）

（1）模仿教师做拍腿和拍手两种简单动作，感受A、B两段音乐的起止和节奏。

（2）尝试独立随音乐做上述两种动作，进一步感受 A、B 两段音乐的起止和节奏。

（3）模仿教师在 B 段音乐部分，将拍手的动作改成两人结伴对拍手，其他不变。

（4）模仿教师在 B 段音乐部分，将两人结伴对拍手改成一人用自己的双手假装成鼓面，给另一人拍（教师示范并启发鼓励幼儿做出姿态不同的鼓的造型），其他不变。

（5）连续播放音乐，幼儿结伴连续交换鼓和鼓手的角色，相互配合游戏（以上取坐姿只运动上肢）。

（6）观看教师与四五名幼儿一起，尝试将游戏扩展为"一名鼓手和一群不同的鼓"的游戏。

（7）在教师的指导下，分组尝试玩上述新的小组合作游戏。连续玩的时候，最后被鼓手拍击的鼓即成为下一次的新鼓手。

（三）在结束处插入的游戏

有的游戏化律动教学是在活动快结束时才进入韵律游戏，前面都是熟悉与律动有关的故事或歌曲等，但在熟悉了律动的背景知识后，幼儿的情绪也都被调动起来了，最后的完整律动游戏则是活动的高潮，如以下范例：

范例 5-2-3：司马光砸缸（大班律动游戏）

（1）看图片听教师讲述司马光砸缸的故事。

（2）模仿教师跟随音乐做简单的故事表演动作，初步熟悉音乐的引子和歌曲的曲调以及三段歌词的内容。

（3）在教师的引导下，创编或直接通过模仿学习将第一、二段歌曲的简单故事表演动作提升为单圈上的圆圈集体舞。

（4）在教师的指导下，将第三段歌曲的简单故事表演改为单圈上向相反方向跑的争先占位游戏（类似切西瓜游戏）。抢先占位者可以获得在下一次游戏中扮演司马光的机会（司马光扮演者有权决定在哪两个幼儿中间"砸缸"。"被砸"的两位幼儿可以玩向相反方向跑的争先占位游戏；也可以由圆圈中专门扮演"被淹"幼儿的人跑出圆圈，玩争先占位游戏，被砸开处的两位幼儿随后进入圆圈扮演新的"被淹"幼儿，并等待下次被救后再跑出）。

（四）贯穿始终的游戏

有些游戏化的律动教学，整个活动就是以学会玩某个律动游戏为目的，律动的内容贯穿始终，特别是一些新授律动教学，如以下范例：

范例 5-2-4：喜羊羊和灰太狼（大班亲子律动游戏）

（1）模仿教师双手随音乐表演喜羊羊，初步熟悉音乐。

（2）模仿教师双手随音乐表演灰太狼，初步熟悉音乐。

（3）模仿教师与家长两两结伴，一人扮喜羊羊，另一人扮灰太狼随音乐合作游戏，进一步熟悉音乐。

（4）模仿教师与家长两两结伴，每人一只手扮喜羊羊，另有一人扮灰太狼，随音乐合作游戏。

（5）每人一只手扮喜羊羊，另有一人扮灰太狼，围坐成一个单圈，每人同时与自己左右的人随音乐合作游戏（以上取坐姿，只运动上肢）。

（6）某成年人或幼儿单独扮演灰太狼，其他幼儿与家长两两结伴扮演羊，狼在前面走，羊在后面跟，狼回头看时，家长做保护孩子状，所有羊做静止造型（类似"木头人"游戏）。

五、发展动作表演的艺术表现力

幼儿园的韵律活动泛指所有伴随音乐进行的身体艺术表现活动。这种活动又可以再具体分为创造性律动和集体舞蹈两种类型。其特殊的具体发展标准主要体现在四方面：①身体各部分之间以及身体与头脑之间能够保持基本的协调性；②身体运动时能够与音乐保持基本的协调性；③身体运动时能够与他人保持基本的协调性；④身体运动时能够与周围环境中的物体以及空间保持基本的协调性。

（一）发展动作的协调性

与此有关的方法主要有五方面：一是创造轻松自由的学习氛围；二是选择安排循序渐进的动作学习序列；三是从较慢的速度开始并采用儿童最舒适的进度，逐步加快速度；四是应先从儿童的自然动作开始过渡；五是不适宜分解学习的动作，可以采用"拖"的方法。

1. 创造轻松自由的学习氛围

如果注意观察儿童在集体学习情境中学习动作的过程，就会发现一些本来在日常生活中已经掌握自如的动作，一经教师要求，反而变得不自然了。比如，儿童平时走路是从不会同手同脚的，但是在幼儿园集体教育情境中，同手同脚的情况却见怪不怪了，其主要原因就是心理紧张。因此，教师应该特别注意创造轻松自由的学习气氛，越是对年龄小的儿童，要求应该越粗糙、越宽松。另外，对于性格方面胆小、退缩、在意教师评价、"要好"意愿强烈，甚至全面紧张的儿童，教师应该首先努力帮助他们放松。

2. 选择安排循序渐进的动作学习序列

教师选择安排的动作学习序列不够合理，是造成儿童动作协调性难以进步的另一个主要原因。如从儿童控制重心能力发展的规律来看，儿童在走的时候基本上没有身体腾空过程；儿童学跑的初期，身体也几乎是没有腾空过程的，直到跑的发展中后期腾空的过程才逐步明显起来。因此，教师应注意每个新授动作技能的原有基础，如小班儿童做小跑步时应该允许膝盖自然弯曲，允许没有腾空过程等。

3. 从较慢的速度开始并采用儿童最舒适的进度，逐步加快速度

教师安排的做动作的速度不适宜，是造成儿童动作难以协调的第三个主要原因。有研究显示，过快或过慢的速度都会造成儿童动作的紧张和不协调。对于个别儿童来说，每个

人都会有自己最适宜开始的速度，所以"聪明"的对策有两方面：①让每个儿童有机会自由地按照自己的速度做动作；②教师给个别儿童伴唱或伴奏时，先用眼睛观察并判定儿童的最适宜速度。随着儿童适应速度变化的能力逐步增加，教师再酌情逐步加快或减慢做动作的速度。

4. 可以从儿童自然动作开始的动作，应先从儿童的自然动作开始过渡

所有的舞蹈动作都是以某种自然动作为基础的，只不过舞蹈动作在艺术程式化的过程中逐步变得让一般人认不出其本来面目了。但是，教师在教学前必须尽力辨认并还原其本来的朴实面貌。因为，这些动作的本来面貌是人的自然生活动作。人在做自然的生活动作时一般是会自然协调的。教师在自然生活动作的基础上逐步引导儿童经历这些动作艺术化、程式化的过程，儿童反而能够更容易掌握舞蹈动作。

5. 不适宜分解学习的动作可以采用"拖"的方法

教师一般都知道在动作教学中可以使用分解的方法，把比较复杂的动作分解成相对简单的几个组成部分分别教授，最后再把熟练的几个部分联合成原先的整体进行练习。但有许多动作不能进行分解，如跑跳步、跑马步等。在自然的游戏或表演活动中，这些不适宜分解的动作往往是根本不需要刻意进行教授的。年幼的儿童自然地跟着教师、同伴或大一点的儿童"拖"，尽管每个儿童掌握的速度各不相同，但慢慢地都能够逐步掌握。

（二）发展动作的随乐性

与此有关的方法主要有五方面：一是让儿童自己边唱边做；二是教师哼唱或弹奏曲调伴和儿童的动作过程；三是让儿童有较多机会跟随比较熟悉的音乐做动作；四是引导儿童注意动作与音乐的情绪、风格、结构相协调；五是所选动作组合应为简单多重复且有整体美感的。

1. 让儿童边唱边做

让儿童有机会边唱边做动作，有以下四个方面的优势：第一，有助于儿童熟悉音乐，了解音乐与动作的关系；第二，有助于儿童形成音乐与动作联合反应的定势；第三，有助于增进儿童自主把握音乐和动作的积极性；第四，有助于发展儿童动作的随乐性。所以，教师应注意提供机会，鼓励儿童边唱边做动作。

2. 教师用自己哼唱或弹奏的曲调伴和儿童的动作过程

年龄较小的儿童，相对不是特别在意要使自己的动作与听到的音乐相一致。如果他所做的动作刚好与听到的音乐相一致，这两个方面相互协调所产生的舒适感会逐步引起他的注意，随着注意到的这种特别经验的逐步积累，儿童慢慢会感到自己有一种要主动追求获得这种经验的意识，与此同时随着这种意识的逐步增强，儿童主动与音乐相一致的意识和能力才逐步发展起来。

3. 让儿童有较多机会跟随比较熟悉的音乐做动作

教师让儿童有较多机会跟随比较熟悉的音乐做动作，会减轻儿童探索不熟悉音乐的负

担，进而提高儿童动作的随乐水平。特别是儿童所做的动作本身又是自己不熟悉的时候，跟随比较熟悉的音乐便显得更加重要。当然，比较熟悉既可指音乐某一要素是儿童较熟悉的，也可指某一曲调是儿童较熟悉的。

4. 教师要引导儿童注意动作与音乐的情绪、风格、结构相协调

教师除了引导儿童注意动作的节奏与音乐相协调以外，还应该引导他们注意使动作与音乐的情绪、风格、结构相协调。这种使动作与音乐相一致的追求，不但能够提高儿童动作的随乐性水平，同时也可以有效地提高他们感受音乐、理解音乐的水平。

5. 动作组合应该是简单多重复，且有整体美感的

一般来讲，学前儿童适应复杂性的能力是有一定限度的。要提高儿童动作的随乐性，动作和音乐两个方面的复杂性都应该适中，动作组合总体上应该是简单多重复的，既有整体美感，又便于儿童记忆和表现。

（三）发展动作的表现性

与此有关的方法主要有三方面：一是让儿童有机会看见更多由儿童和教师提供的动作表现范例；二是让儿童有机会在同伴和教师的态度和行动鼓励下，观察和用动作模仿各种真实的事物以及它们生动的运动状态；三是让儿童有机会在美术、文学作品的激发下进行动作的表现。

（1）让儿童有机会看见更多由儿童和教师提供的动作表现范例。教师可以通过以下方式向幼儿提供积累动作表现语汇的机会：①在本班活动中由教师直接向幼儿提供；②在本班活动中，由幼儿相互提供；③在各种相关活动中，组织指导幼儿观摩本园其他班级或园外儿童的现场表演；④通过播放录像、观看电影等活动，组织指导幼儿观摩其他儿童或成年人的表演。

（2）让儿童有机会在同伴和教师的态度和行动鼓励下观察和用动作模仿各种真实的事物及它们生动的运动状态。教师可以通过以下方式向幼儿提供观察和用动作模仿的机会：①在本班环境中引导幼儿进行观察和表现，如自然角中的动植物；家具、家用电器、玩具以及教学具形态；家长、教师、幼儿做事时的姿态及运动方式等；②在散步、参观、郊游等活动中引导幼儿进行观察和表现，如树木、花草、房屋、桥梁、行云流水，动物园里的动物，马路上的交通工具，以及人们活动的各种姿态和方式等；③通过播放录像、观看电影等活动，向幼儿补充提供他们在周围环境不容易看到的和看不到的事物和景象。

（3）让儿童有机会在美术、文学作品的激发下进行动作的表现，教师可以通过以下方式向幼儿提供动作表现的机会。①在美术创作或欣赏活动中鼓励儿童用动作感知和表现作品的情感、内容以及构成有关视觉形象的线条、形状、运动状态等；②在文学欣赏、复述及仿编、创编活动中，鼓励儿童用动作感知和表现其中的人物、事物以及他们的内心情感和外显活动等。

第三节　打击乐演奏活动游戏化实施策略

一、幼儿园打击乐演奏活动教学的主要内容

（一）打击乐曲

一般来说，能在幼儿阶段被应用于教学的演奏类曲目都具有两个主要特点：一是相关乐器可以随歌曲节奏的变幻进行配合；全部由乐器进行演奏，无须曲调的配合也可完成。

能够有各类乐器伴随节奏进行打击的歌曲有以下两点特征：一是乐曲本身有固定的乐器音色出现，二是这类乐曲被他人进行乐器方面的改编。因此，在儿童用各类乐器演奏时有相关材料可以学习借鉴。

纯粹的打击乐曲，即专门为打击乐器创作或仅由打击乐器演奏的乐曲。尽管这种表演方式目前在我国幼儿园的打击乐教学中不太常见，但它实际上才是真正意义上的打击乐演奏。而且，有研究证明这种活动和作品也都是幼儿所欢迎和易于接受的。

在幼儿园所使用的打击乐曲演奏方案，有的是由专业音乐工作者创作的，有的是由幼儿园教师创作的，还有的是在幼儿教师的帮助下由学前儿童集体创作的。

（二）打击乐器演奏的简单知识和技能

1. 乐器

学前儿童可以接触到的打击乐器主要有大鼓、铃鼓、串铃、碰铃、三角铁、跋、锣、木鱼、双响筒、圆弧响板、蛙鸣筒、沙球等。与乐器有关的知识主要有名称、演奏方式与音色的关系等。与演奏打击乐器有关的一般技能主要有三方面：用自然协调的动作演奏；奏出适中的音量和美好的音色；注意倾听音乐和他人的演奏，并使自己的演奏与整体音响相协调等。

2. 配器

学前儿童学习的相关音乐艺术内容也并不由教师全部规定。在选择相关乐曲需要的乐器方面，会有部分乐曲由教师和儿童一起选择符合的演奏乐器，这类乐曲一般是大多数儿童有一定了解的乐曲。之所以让儿童也参与乐器种类的选择，是由于儿童在筛选的过程中也能增加对各类乐器声音特点的把握，还可以有机会对传统曲目进行创造性的演绎。知道如何通过集体讨论等方法，为指定的歌曲或乐曲选配合适的节奏型及音色安排方案，并能用简单的图形、语音、动作等符号记录设计好的配器方案。

3. 指挥

对于学龄前儿童来说，学习多人演奏中的指挥位置和演奏位置所具有的意义是多重的。

不仅可以帮助儿童了解相关乐器的使用规则，还可以使儿童更好地融入群体性生活中。因此，让儿童进行群体性演奏活动的意义远大于正常成年人演奏活动的意义。

学前儿童在多人演奏活动中要掌握的内容也是多方面的，但相较于学习专业乐器的操作技巧，更重要的是明确如何与其他伙伴在同一活动中进行分工配合。因此，儿童指挥者只需要以全部儿童能理解的方式指挥开始、结束和各拍子乐器的转换即可，如果儿童不能掌握具体的乐器手势，也可以模仿乐器的吹拉动作。其中，儿童指挥者的主要动作有以下三个方面：

（1）要在儿童团队内明确怎样的手势代表开始和终结，儿童指挥者本身的动作应该到位标准才能被演绎者理解。

（2）儿童指挥者应明确在指挥全程中应将身体倾向演奏者，同时其目光应关注到演示者的状态，在演示者不明确时应用表情和动作解释。

（3）要学习特殊的动作代表各个乐器的切换和节奏的缓急，要使自身动作被全部儿童理解。

（三）打击乐器演奏的常规

由于乐器本身的新奇性和其可以发出响声等特性，打击乐器活动历来是教师感到比较难于保持良好秩序的，因此为打击乐器演奏活动建立必要的常规也就显得特别重要，集体打击乐器演奏活动的常规一般包括以下两点：

1.活动开始和结束的常规

（1）听音乐的信号整齐地将乐器从座椅下面取出或放回。

（2）乐器拿出后，不演奏时须将乐器放在腿上，不发出声音，眼睛也不看。

（3）开始演奏前，按指挥者的手势整齐地将乐器拿起，做好准备演奏的姿势。演奏结束后，按指挥者的手势将乐器放回腿上。

（4）活动结束后，自己收拾乐器和整理场地。

2.活动进行的常规

（1）演奏时身体倾向指挥者，眼睛注视指挥者，积极地与指挥者交流。

（2）演奏时注意倾听音乐和他人的演奏。

（3）演奏时注意力集中，不做与演奏无关的事。

（4）交换乐器时，须先将原来使用的乐器放在座椅上，再迅速无声地找到新座位，拿起新乐器，坐下后马上把新乐器放在腿上做好演奏准备。交换过程中不与他人或场内的座椅相互碰撞。

（四）幼儿园打击乐演奏活动材料的选择

打击乐器演奏活动的材料包括乐器、音乐和配器方案。为学前儿童选择打击乐演奏材料时，也要分别从下面三个方面来考虑：

1. 乐器

在为学前儿童选择乐器时，一般应考虑以下三点：第一，音色要好。如铃鼓鼓面一般不宜选用塑料或铁制的。第二，大小及重量适合学前儿童。如铃鼓直径一般不超过15厘米，最好选用12厘米左右的。碰铃铃口的直径最好在3厘米左右，三角铁钢条的横断面直径最好在3毫米左右，木鱼的底面积一般不应大于儿童的手掌面积。第三，演奏方法要适合不同年龄儿童运动能力的发展。

3～4岁的儿童可以选用的乐器有铃鼓、串铃、沙球、圆弧响板和碰铃。前三种乐器的奏法都是左手持乐器，用拍手的方法挥动大臂，最后用右手拍击左手使乐器发音。圆弧响板的奏法略有不同，即左手不动，右手先上提，然后再向下拍击，使乐器发音。碰铃的演奏法与此类似，左右手各持一个碰铃，然后用类似拍手的方法使之相互撞击发音。

以上五种乐器的奏法类似儿童拍手的方法，是以臂的大肌肉动作为主。除碰铃外，各乐器演奏时对手眼协调的要求不高，比较适合3～4岁的儿童。另外，大鼓也是这一年龄段儿童可以选用的。

4～5岁的儿童可以选用的乐器有木鱼、蛙鸣筒、小钱和小锣。木鱼在敲击时需要使用腕部的小肌肉，对于手眼协调也有一定的要求。蛙鸣筒在刮奏时需均匀地持续用力，小钱和小锣在击奏时需有控制地用力。这些演奏要求比较适合4～5岁的儿童。另外，4～5岁的儿童还可以选用铃鼓的摇奏法。

5～6岁的儿童可以选用的乐器有双响筒和三角铁。这两种乐器的演奏对用力均匀和手眼协调都有较高的要求，因此比较适合5～6岁的儿童。另外，5～6岁的儿童还可以选用圆弧响板的捏奏法、沙球的震奏法和小铉的擦奏法。

教师还应该了解一点乐器的管理常识。比如，一般6个班级规模的幼儿至少应该配置一个班级用的乐器组合。按每班45人计算，应该购买15面铃鼓、15只响板、15对碰铃。有条件的幼儿园还可以另外配置一面大鼓、一个吊钱、一副双响筒。条件再好一点的幼儿园可以专门为小班幼儿配置45个串铃。规模更大一些的幼儿园可根据具体情况将基本乐器的数量增加到30件（副）、45件（副）或60件（副），还可以配置少量的三角铁、蛙鸣筒、小锣、小路等特色乐器。为班级配置的乐器应该专箱放置，如响板放在一个小纸箱里，哑铃放在另一个稍大的纸箱里，铃鼓在一个大的塑料转运箱里摆放整齐，然后再把另外两个放映铃和响板的纸箱在塑料转运箱的空余处摆放整齐。乐器统一存放在幼儿园资料室，班级需用时去资料室办理借用手续，用完后原数、原样归还。小班在活动前可由教师办理借用，并由教师组织幼儿分发、放还、摆齐。中、大班应该由教师指导、督促幼儿自己来完成这些事情。

2. 音乐

为学前儿童选择打击乐配合演奏的音乐时，除了应注意节奏工整、结构清晰和旋律优美、形象鲜明外，还要考虑以下因素：

为 3 ～ 4 岁的儿童选择的音乐，最好是儿童比较熟悉的歌曲或韵律活动的音乐。音乐的节奏最好比较简单，结构大多数应是短小的一段体。

为 5 ～ 6 岁的儿童选择的音乐，可以不一定是儿童学过的歌曲或韵律活动的音乐，音乐的节奏也可稍复杂一些，结构可以是一段体，也可以是两段体或三段体。选择的音乐最好能够包含比较鲜明的、有规律的对比因素，即乐曲的乐句与乐句或乐段与乐段之间存在比较明显的差异。

二、打击乐器演奏整体教学法

（一）整体教学法的基本特点

打击乐器演奏的整体教学法主要强调参与演奏的幼儿有机会了解作品的整体音响形象，强调幼儿所做的合作演奏的努力，是建立在主动追求自己所了解的整体音响形象的基础上的。整体教学法作为一套完整的方法体系，又包含三种重要的具体方法，即变通总谱法、击节奏型指挥法和引导参与创作法。

变通总谱法指运用便于幼儿感知记忆的变通乐谱作为辅助工具，以提高新作品的学习效率，为学习过程带来更多愉快感受的一种方法。如前所述，目前在幼儿园经常使用的变通总谱有图形总谱、动作总谱、语音总谱。通俗地讲，这些变通总谱就是更便于幼儿感知、理解和记忆的符号体系，如简单的图形结构、动作组合和用嘴巴发出的声音组合等。

击节奏型指挥法也是相对从前专业指挥使用的"划拍指挥法"而言的，是一种指挥的变通方式。因为幼儿在学习演奏新的作品时，教师使用与幼儿不同的动作节奏划拍，容易干扰幼儿再现自己所要演奏的节奏型。所以，他们更需要教师使用与他们的演奏方式相同的动作来指挥。

引导参与创作法一方面是为了给幼儿提供自由探索和创造性表达的机会；另一方面是因为经常有机会被允许和鼓励进行自由探索，能够大大拓展幼儿的见识，提高幼儿的自信。在即兴性的演奏中，经常有机会自由探索和表达的幼儿会因为自信而更放松，可以避免因不必要的紧张而造成的不流畅。在设计性的演奏中，幼儿经过认真思考创造出来的演奏方案，也更容易被幼儿认真对待。

（二）整体教学法与传统教学法的区别

程序上的主要区别有两方面：第一，传统教学法的程序是先分声部学习和练习，然后再将所有声部合起来演奏；第二，整体教学法的程序一是先整体、后分部，二是累加。先整体、后分部的程序主要适用各声部间相互依存性较强的作品；累加的程序主要适用含有一个以上相对独立声部的作品。

方法上的主要区别：传统教学法主要是示范、模仿、练习，目的主要是学会演奏打击乐作品；整体教学的方法则是示范、模仿、练习与有引导的创造性表现相结合，目的主要是在参与演奏打击乐作品的活动过程中促进儿童全面发展。

先整体、后分部的程序如下：

整体教学法最典型的程序一般被称为先整体、后分部的程序。这种程序适用于配器结构使各声部之间形成交错进行的关系，整体音响上较为单纯的作品。一般进行步骤如下：

（1）导入，引起兴趣。

（2）欣赏或进行简单的身体节奏活动，初步感知主旋律的情绪、风格和基本拍子。

（3）模仿学习变通总谱或在教师的指导下参与创作变通总谱的具体内容（基础较薄弱的班级最好先从模仿开始），进一步把握作品整体音响的横向（句子和段落之间的）结构和纵向（声部与声部之间、配器与旋律之间的）结构。

（4）在熟练掌握总谱的基础上，进行分声部的徒手练习。练习是所有声部同时进行的。练习时应该重点注意相互倾听、相互配合，以便创造出心目中已经初步建立的整体音响效果。在这一步骤中应该开始学习教师如何指挥。教师指挥时所做的动作最初应该与幼儿所做的动作完全相同。待熟练后，教师可改用击拍法，但仍然要把幼儿演奏的节奏型打出来。

（5）个别幼儿学习指挥，集体练习。教师可鼓励有潜力的幼儿根据自己的情况部分地改变原定的练习方案（这个程序并非一定要有）。

（6）在教师的指挥之下进入实际的多声部乐器合奏练习。

（7）个别幼儿练习指挥，集体练习合奏。教师可鼓励担任指挥的幼儿根据自己的情况部分地改变原定的配器方案。但是在这一步骤中，由于已经进入多声部的合奏练习，为了减轻大部分幼儿的注意力、记忆负担，保持甚至增强演奏的热情，教师必须在开始演奏之前让全体幼儿对将要发生的改变做好思想准备，注意引导幼儿认真倾听，比较整体音响的情趣发生了怎样的变化。

（8）改进的练习。根据需要将特色乐器逐步加到乐队中。每次发生变化后，教师都应引导幼儿倾听、比较并鼓励年龄大一些的幼儿对变化加以描述。

另一种整体教学法的程序一般地被称为累加的程序。这种程序适用于各声部都有一定的独立性，或至少有一个声部和其他声部之间没有交错进行关系，整体音响较为复杂的作品。其一般步骤如下：

（1）与先整体、后分部的程序相同。

（2）模仿学习或创作一个比较有特色的、复杂的、有独立性的声部，这个声部相当于一件打击乐器或一个打击乐器组"独唱"的声部；并通过这一程序进一步把握作品的横向结构。

（3）在充分熟练地掌握该声部的基础上，再将其他具有伴奏性质的声部用先整体、后分部的程序学习掌握；然后，再将伴奏声部累加到独奏声部之上。在这个步骤中，最初往往需要由个别幼儿来指挥已经熟悉的独奏声部，教师同时指挥尚不熟悉的伴奏声部；然后再把两个声部分别交给两位幼儿指挥；最后，再由一位幼儿单独指挥伴奏声部，让独奏声部的幼儿完全独立地听音乐演奏。

三、探索性打击乐器演奏教学

在教师相对更多地控制整个集体音乐学习活动的情境中，幼儿有时的确可能习得更多的知识、技能，积累更多优秀的音乐作品。在音乐发展水平相对更高的班级中，幼儿也往往会对音乐活动表现出更高的热情。但是，长期在这样高控制的教学情境中，幼儿在人格发展方面是否会产生什么问题呢？比如，缺乏探索、创造、自主学习的意识和能力，这正是当今中国学前教育界提出的需要自我反省的问题。于是我们看到了更多所谓"低控制"的改革尝试，但又发现在更多所谓"自主自由"的表面之下，似乎掩盖了许多的不知所措、迷茫和焦虑；这又是当今中国学前教育界提出的需要进一步自我反省的问题。

对上述问题进行反思后，人们发现自主应当是有目标的自主，自由只能是超越性的自由。因此，教师应该激励和支持幼儿不断确立自己的目标，并不断引导幼儿去体验自我超越的自由。于是，也就有了对"探索性打击乐器演奏教学"具体工作方式的探索。

（一）从乐器入手的探索活动

幼儿天生具有探索周围环境的好奇心。因此，适当给幼儿提供自由探索发声物体的机会，有利于保持和发展幼儿的好奇心，也有利于幼儿拓展和提升对声音的各种经验。教师可以做以下尝试：

1. 探索同一物体的不同发声方式

（1）鼓励幼儿努力采用尽可能多的方式去使物体发出声音。

（2）通过分享经验的活动，鼓励幼儿采用喜欢的方式展示、描述他们的发现。

（3）在幼儿展示、描述自己的发现时如果发生某种困难，不能再现自己刚做过的探索，或者光会做，不会用语言描述等，教师应该给予具体的帮助。

（4）教师给予的语言帮助，可以引导幼儿学习使用客观描述的方法，如铃鼓，弹边上的声音脆，摇它的时候有类似小镲片发出的声音；也可以引导幼儿学习使用类比描述的方法，如敲中间的声音像打雷，弹边上的声音像小鸡吃米，摇它的时候像下雨，轻轻摇像下小雨，使劲摇像下大雨……

2. 探索不同的物体

（1）探索乐器。

（2）探索周围环境中的各种物体。

（3）鼓励幼儿收集各种乐器和乐器的资料，并研究怎样制作乐器。

3. 探索乐器的使用

（1）引导幼儿将前面探索的相关经验及时应用到日常的节奏朗诵、歌唱、律动表演、舞蹈或带有节律性质的体育游戏中。

（2）引导幼儿尝试用一种乐器或几种乐器独立或合作即兴地"描述简单的场景"（如

下大雨时是怎么样的？下小雨时又是怎么样的？），或"讲述简单的故事"（如老鼠偷油—猫捉老鼠）。

（3）教师可以提供各种包含乐器表演在内的综合性艺术表演活动的影像资料，特别是像《破铜烂铁》这样思路广阔、富有创意的作品，以拓展幼儿关于乐器使用的眼界；然后，再鼓励幼儿做自己的创意尝试。

（二）从音乐入手的探索活动

乐器演奏活动是一种艺术表现活动，艺术除了要表达一定的思想内容以外，还需要表现人们对艺术形式美的种种认识。在这方面教师可做以下尝试：

1. 探索节奏型

音乐艺术中的节奏型就好像视觉艺术中的图案，简洁可辨的结构单元的严格重复或变化重复，能够形成一个独立作品良好的整体感或统一感。在幼儿具备了最基本的稳定拍子的感觉后，教师就可以尝试以下两种方法：

（1）组织幼儿做节奏型即兴"创编—模仿"游戏（一人即兴奏出一个节奏短句，另一人或其他人完全模仿）或做节奏型"即兴对话"游戏（一人即兴奏出一个节奏短句，另一人即兴奏出另一个节奏短句，就像相互交谈一样）。

（2）鼓励幼儿创编出最简单的节奏，并将这一节奏作为能够稳定坚持的、不断重复的节奏型，为自己朗诵的儿歌、演唱的歌曲或其他由教师弹奏、播放出的音乐伴奏。

2. 探索乐句和乐段中的节奏型

乐句和乐段是音乐中比较大的结构单位，随着幼儿相关经验的不断增长，教师便可以进行以下步骤：

（1）通过引导幼儿不断体验现成打击乐器作品的演奏学习，逐步积累节奏型和音色的重复变化与乐句和乐段的组织结构相互匹配的感性经验。

（2）通过逐渐引导幼儿为结构比较清晰的歌曲或乐器配器的活动，让幼儿关注乐句乐段组织结构的规律，体验节奏型和音色的重复变化怎样与乐句和乐段的组织结构相互匹配。

（3）通过观察幼儿自主自发的乐器演奏活动和教师提供的即兴乐器演奏活动，随时了解幼儿在结构感方面的发展情况，并以幼儿的实际发展为基础，向他们提供能够帮助他们"更上一层楼"的教学设计活动。

3. 从生活意象入手的探索活动

乐器演奏活动除了要表现人们对艺术形式美的种种认识以外，还需要表达一定的思想内容。而且对于年龄较小的儿童来说，这种表达与他们的生活经验更接近，表达起来限制会更小，自由度也会更大。在这方面教师可以做以下具体尝试：

（1）提供情节简单的故事（可以直接通过教师的讲述，也可以通过图片、图书或某种实物操作、影像资料播放），鼓励引导幼儿将之转化为由乐器演奏出的"音响故事"。

（2）也可以鼓励引导幼儿为由图片、图书、某种实物操作、影像资料播放、哑剧表演加配乐器演奏音响，而成为某种新创作的"配乐故事"。

（3）从一位幼儿独自的单一意象的简单诉说开始，逐步发展成多位幼儿合作的多意象的复杂诉说。

（三）自主小乐队探索学习

"乐队"的概念天生就是合作性的。其实，当"小舞台"或"音乐区"给小班幼儿提供了自主学习的机会后，幼儿就获得了独立探索、发现"乐队"概念的可能。而且，当他们自发地探索处理各种人际关系以达成满意合作的可能性，自然地面对各种合作不协调的困难时，"自主小乐队探索活动"也就自然地展开了。在这里，我们要鼓励教师做以下两种尝试：

（1）经常注意观察幼儿在合作过程中会发生哪些矛盾？他们会尝试哪些解决矛盾的策略？如果他们放弃了对矛盾的解决，又是因为什么？他们可能需要什么样的帮助？

（2）在经过认真思考后，教师可以在区角活动的现场自然介入幼儿解决问题的尝试，帮助幼儿反思他们的经验或教训；也可以将共同的问题纳入新的集体教育活动设计方案。其中，与乐器合作演奏有关的矛盾包括三方面：第一，分工问题；第二，谁的创意应该被集体采纳的问题；第三，集体统一行动中的领导和服从问题等。

总之，虽然在"探索性打击乐器演奏教学"方面已经积累的经验还很有限，但为了使教师更自主、更有创意地教，为了使幼儿更自主、更有创意地学，教师在自己的工作实践中不能轻易放弃这样的探索努力。

四、幼儿打击乐游戏

（一）幼儿打击乐游戏的特征

1.伴随音乐和故事进行

幼儿园常见的打击乐游戏都是伴随着音乐和故事进行的。幼儿喜欢旋律优美、节奏明快的音乐，当幼儿听到喜欢的音乐时，会不由自主地跟着节奏拍手。因此，选择幼儿熟悉的、感兴趣的、节奏鲜明的、合适的音乐材料，再配上乐器伴奏，会使幼儿有一种全新的体验。同时，在故事讲述和表演中穿插一些乐器进行场景渲染，能增强故事的感染力。这样一来，不仅提高了幼儿学习打击乐的兴趣，也便于幼儿理解和把握音乐和故事特点。

2.强调集体参与

打击乐活动更多地体现为一种集体的活动形式，它是一项综合的科目，且对活动中各声部之间的合作协调要求甚高。在进行打击乐的游戏时，幼儿可以根据音乐所要表达的情感来选择乐器，所演奏出的声音应是协调、动听、优美的乐曲。打击乐游戏的集体参与性，在一定程度上也锻炼和提高了幼儿之间的合作能力。

3. 与指挥协调配合

打击乐是一项强调相互合作的活动,由于幼儿手中所持的乐器不同,为了演奏出和谐、悦耳的节奏,幼儿要学会看指挥,并与指挥协调配合,这也是打击乐游戏独有的特征。幼儿看指挥的能力,是一个不断训练的过程,包括了解"准备""开始"和"结束"的手势动作,以使自己的演奏符合指挥的手势含义;知道用眼睛注视指挥者,在演奏过程中学习以恰当的身体姿势与指挥者沟通、合作和交流;能够看懂和明白指挥者表示节奏和音色变化的动作,使自己的演奏与集体的音响协调一致。

(二)幼儿打击乐游戏的功能

1. 提供音乐表达的手段

在打击乐游戏活动中,幼儿能够接触到丰富的音响效果,各种各样的音色对幼儿的听觉感官是个很好的刺激。同时,演奏方法简单易学,在活动中幼儿手、眼、脑、心并用,使大脑建立起复杂的神经联系,让头脑变得灵敏、聪慧。随着幼儿生理、心理的发展变化,他们的情感体验也日趋丰富和复杂,各种基本情感体验的分化也逐渐趋于精细化。通过打击乐游戏来表现不同情绪的音乐,幼儿的情感会变得更加丰富多彩,是幼儿表达艺术很好的手段。

2. 增强节奏感的体验

节奏既是音乐中的重要元素,也是音乐的重要表现形式,有了节奏才使得音乐更富有生命力。培养节奏感的最佳时期就是幼儿时期,让幼儿参与打击乐教学活动,能使他们在敲击游戏中轻松掌握节奏。在打击乐游戏中,引导幼儿尝试探索各种乐器的演奏方法,同时要调动幼儿所有的感官,反复细致、多方位、多通道地体验节奏。经过长期的训练,看似抽象的节奏就能被幼儿轻松地掌握。

3. 促进听觉的发展

音乐是听觉的艺术,幼儿时期的听觉处在一生中最灵敏的阶段。多听,幼儿辨别声音的能力就会得到提高。打击乐游戏就是这样一种良好的方式,它可以调动身体的各个器官,尤其是耳朵能让幼儿全身心地"投入"音乐,极大地促进幼儿听觉的发展,也会很好地刺激幼儿对音乐细节的听觉敏感度。

4. 增强肢体的协调性

美国加利福尼亚大学的医学教授阿特拉斯指出:"学习弹奏乐器的人,由于左右手指神经末梢经常运动,促进了大脑两半球的发展"。正因如此,打击乐游戏对于幼儿的肢体协调发展大有益处。在演奏活动中,身体的许多部位需要协调配合。比如打响板,幼儿在打响板时要眼看指挥,脑子思考,手指击打,耳朵辨听。在配合同伴演奏出动人乐曲的过程中,幼儿需要积极协调视觉、听觉、触觉以及整个机体。

5. 增强合作意识

合作主要是指在演奏过程中注意倾听自己、同伴、集体的演奏,并努力使自己的演奏服从于整体音响形象的塑造要求。打击乐游戏是较多声部的合奏，在游戏中，幼儿不仅要准确演奏出自己的声部，还要主动调节好自己声部与其他声部间在节奏、音色、速度、力度上的协调，并且主动地关注整体效果，在无形中锻炼和培养了他们的合作意识。

6. 培养创造能力

音乐具有创造性，幼儿长期聆听、演奏、理解、感受音乐，会在内心对音乐产生一种认知。这种认知是抽象的、无形的，一旦形成并有所积累，幼儿就喜欢发挥、运用并创造。音乐的抽象与变换给创造留下了广阔的空间。幼儿在打击乐游戏中，不断地学习用不同的方式来演奏乐器，同样的乐器可以发出不同的音色，这种声音探索的意义已经超过了演奏乐曲本身。

教师在游戏中积极引导幼儿开展创造性的演奏，鼓励幼儿参与讨论为乐曲选配合适乐器的方案，鼓励他们自发地探索音乐、探索打击乐器的制作，以及大胆地尝试、参与即兴的指挥等，这将为幼儿未来的音乐创造力发展奠定基础。

五、幼儿打击乐游戏的设计与指导

（一）小班幼儿打击乐游戏的设计与指导

1. 小班幼儿演奏能力的特征

（1）节奏感。小班幼儿的身体在迅速发展，双手有一定的协调能力，但手部的小肌肉发展相对缓慢，所以打击乐器时的节奏稳定性不够。此阶段幼儿的兴趣点很多，注意力容易分散。所以，小班的打击乐游戏的音乐一定要短小，节奏要鲜明，便于幼儿分辨节奏点。敲打乐器与音乐配合可放在音乐的某个特定的部分，而不是自始至终地敲打，这样就有利于幼儿将注意力集中在倾听音乐上。经过反复的游戏后，大多数的幼儿就能合拍演奏，并从中体验到演奏的乐趣。

（2）音色感。这个年龄段的幼儿在演奏乐器时对乐器音色还不能全部准确地进行分辨，但对不同乐器的不同音色会形成初步的认识。幼儿出于好奇，对身边的不同声音会很感兴趣，尤其对小乐器都特别喜欢。在这个阶段，教师应该为幼儿提供多种乐器，让他们尽情摆弄。幼儿在摆弄的过程中就能够倾听到不同乐器的不同音色，并在教师的指导下逐步掌握乐器的正确使用方法。

（3）演奏能力。小班幼儿喜爱主动认识乐器，他们特别好动，手总是不能闲下来，此时正是培养幼儿认识不同乐器的最佳时期。虽说他们还无法达到创造性的演奏，但是在熟悉和简单了解部分乐器的演奏方式和声音特点后，小班幼儿是能够为熟悉的、特点鲜明的音乐形象选择比较合适的乐器和演奏方法的。

（4）合作意识。小班幼儿能够学会在演奏时与大家一起整齐地开始和结束；能够初步学会理解简单的指挥手势，并及时地按指挥意图做出正确的反应。但幼儿之间的相互配合意识还没有形成，他们处在共同演奏的阶段，齐奏是最主要的配合方式。一但这种简单的共同演奏，已经能够使幼儿产生合作的快乐和合作的成就感了。

2. 小班幼儿打击乐游戏的设计

打击乐游戏在幼儿园的教学中多是以打击乐作为媒介来完成的，而且打击乐也是学前阶段的幼儿最能够掌握和接受的一种乐器，主要锻炼的是幼儿大肌肉的能力和协调性。由于小班幼儿的小肌肉发展得还不够充分，但他们能够胜任绝大多数用大肌肉来完成的演奏，所以更适宜打击乐游戏，他们在演奏中往往也会表现出对乐器的喜爱。

（1）活动目标。小班幼儿在演奏过程中能学会简单的乐器操作技能，如敲击小铃、小鼓等简单的乐器。他们能够认识乐器的形状和主要演奏方法，能够在教师的指导下齐奏，并学会看指挥演奏的基本要领。他们还能够享受参与演奏活动的快乐，并在打击乐游戏中，对简单的节奏型和音色建立音响概念。小班幼儿的控制力较差，设定目标不要一味追求精准的节奏，重要的是演奏兴趣的培养。

（2）活动准备。

①教师自身准备：准备乐器，了解基本的乐器知识。

②环境准备：包括教师的站位、班级黑板或环境的布置、幼儿桌椅的摆放等。

③情感准备：教师可以简明地分析、介绍乐曲的风格和所要表达的情感。

（3）活动过程。小班幼儿的打击乐游戏相对于其他活动，由于音乐技术性较强，教师在其中的参与指导成分也相对更多，尤其在演奏技术和配器方面，教师需要事先做好充分的准备，并对幼儿有明确的指示。在游戏过程中，教师的指导语一定要清楚明确，对于演奏的要求也要做到让每个幼儿都明白，要设定好游戏的每个环节，活动过程要简洁明了。教师可以让幼儿感受乐器与乐器之间的不同，这种不同包括音色、质感等方面，在适当的时候可以满足幼儿的愿望，让他们尝试加入新的乐器。

（4）教学建议。由于是集体的游戏活动，教师要正确地引导幼儿按照正确的节奏演奏，并时刻告诉幼儿看清教师的演奏或者指挥，不然就会出现混乱的局面，对幼儿音乐兴趣的培养也是极其不利的。

（二）中班幼儿打击乐游戏的设计与指导

1. 中班幼儿演奏能力的特征

（1）节奏感。中班幼儿的小肌肉有了一定的发展，他们能够使用和掌握的打击乐器种类越来越多，掌握节奏准确性的能力也越来越强。此时的幼儿已经能够自如地用简单的节奏随乐齐奏，或者用两种以上的不同节奏型跟随音乐合奏，他们甚至可以看指挥分乐句轮流演奏，具备初步的多声部演奏概念。

（2）音色感。中班幼儿对音乐的理解能力并没有大班幼儿那么敏锐，所以进行打击乐游戏时，仍需要教师示范，一步一步地指导教学，帮助幼儿了解乐器的特性、声音等。中班幼儿对音色的辨别能力有了明显的进步，能区分四大类乐器的基本音色，并初步具备独立选择音色为乐曲伴奏的能力。

（3）演奏能力。中班幼儿能够理解打击乐作品所表达的情绪，能够学会基本的节奏型，并探索配器方案的不同。在演奏中，他们还会感受到多声部伴奏的和谐感。在教师的引导下，中班幼儿可以逐步学会使用小肌肉动作来演奏乐器，比如在击奏铃鼓、串铃、碰铃时自然地运用手腕，以使动作更流畅，奏出的声音更柔和。适合中班幼儿的乐器还有木鱼、蛙鸣筒、小钹和小锣等。

（4）合作意识。中班幼儿能够在多声部合奏活动中主动地关注整体音响，并努力保持整体音响的协调性；能较迅速地理解各种指挥手势并积极准确地做出反应。中班幼儿的合作意识在逐渐形成，配合的能力还比较差，单独的演奏已经较为准确。他们的自我中心性并没有大班幼儿那么成熟，所以打击乐游戏的合作部分不会涉及太多。

2. 中班幼儿打击乐游戏的设计

（1）活动目标。中班阶段的幼儿不仅能够模仿成年人、教师的演奏方法，而且开始探索同一种乐器的不同演奏方法，还能掌握需要演奏技巧更高的打击乐器。在演奏过程中，他们对于乐器音色、力度、速度的调整和控制能力也有所提高。随着听觉能力的不断细化，中班幼儿的随乐意识也有了很大的进步，他们不仅能够独立地演奏，而且能够与同伴配合得很好，如同时开始、同时结束等，在掌握了基本演奏方法的情况下，还可以进行配器创作。

（2）活动准备。

①教师自身准备：准备乐器知识、配器方案、不同乐器的演奏效果。

②环境准备：包括教师的站位、班级黑板或环境的布置、幼儿桌椅的摆放等。

③情感准备：教师可以简明地分析、介绍歌曲的风格和所表达的情感。

（3）活动过程。由于这一阶段的幼儿在游戏中看指挥和理解指挥手势含义的能力有所提高，所以在活动的过程中，教师可以有目的地提高要求，如放慢、变轻等。教师要在欣赏音乐或者分析音乐时给幼儿一个提示，告诉他们在演奏中要注意教师的手势和表情。

在活动的设计中一定要涉及幼儿与同伴的合作，在游戏进行的过程中要特别用语言指导幼儿注意与同伴的衔接和乐曲突出段落的音色，让他们明白合奏的基本特点。在结束的评价中，教师要把握"中班幼儿较为自我中心"这一特点，尽量关注每个幼儿，或者是让每个幼儿都有表达自己的机会

（4）教学建议。教师在打击乐游戏过程中要注意幼儿的创造性演奏，给予积极的、合适的评价，在做示范演奏时一定要做到节奏准确、结构完整；注意让幼儿用听觉来感受配器的音色特点，并鼓励他们寻找和谐优美的配器方案。

（三）大班幼儿打击乐游戏的设计与指导

1. 大班幼儿演奏能力的特征

（1）节奏感。大班幼儿的小肌肉运动能力发展得较完善，他们会更关注演奏活动的背景音乐，能够很好地控制节奏和节拍，完成多种节奏型，并保持节奏的稳定性。在打击乐游戏中，他们有时能用不同的乐器轮流演奏；有时虽同时演奏，但需要各打各的节奏；有时在同一乐曲中用两到三种节奏进行配合演奏，并在不同节奏类型的集体配合中慢慢学会不受他人的影响，找到自己的声部和定位。

（2）音色感。对乐器音色的敏感度增强，能够分辨各种不同的打击乐器的音色特点和乐器发声构造。对于同一种乐器，演奏方法也更丰富、细化，如用捏奏法演奏响板。在演奏过程中这一年龄段的幼儿更加注意调整自己的演奏方式和用力方法，开始有意识地控制适当的音量和音色。

（3）演奏能力。此年龄段的幼儿已经掌握了很多的节奏型，因此在演奏过程中能够始终与音乐的节奏、节拍相一致，同时对音乐节奏的表现力更强。他们还可以较为准确地演奏附点和切分节奏等结构相对复杂的乐曲，且努力使自己的演奏与音乐的速度、力度等表现手段相一致。另外，此阶段的幼儿已经可以开展创造性的演奏活动。在创造性的演奏活动中，幼儿不仅能够积极参与为乐曲选配合适的配器方案进行讨论，而且能自发地探索音乐，探索打击乐器的制作，以及大胆地尝试和参与即兴的指挥。

（4）合作意识。该年龄阶段的幼儿合作意识已经形成，能够在打击乐游戏中进行良好的配合。他们能够在较多声部的合奏过程中主动调节本声部与其他声部间在节奏、音色、速度、力度上的合作要求，不仅能准确演奏自己的声部，而且能主动地关注整体效果。此阶段幼儿的集体演奏能力增强，可以集体配合演奏一些曲目，对指挥手势的暗示理解能力进一步提高，甚至学会随指挥的即兴变化来调整自己的演奏，还能与同伴以体态表情进行情感交流。

2. 大班幼儿打击乐游戏的设计

（1）活动目标。大班幼儿能够使用和掌握多种打击乐器的演奏方法，能用乐器表现音乐的快慢、强弱，还能够更多地关注到打击乐游戏的背景音乐，并且始终与背景音乐相配合，节拍相一致。他们也能够在多声部合奏时主动调节好本声部与其他声部的配合，更多地注意自己在节奏、音色、力度、速度上的表达和合作要求。在创造力上，他们可以表现得更为积极主动，不仅可以积极地参与搭配乐器的讨论，还可以自发地探索打击乐器的制作，并且大胆地尝试即兴演奏等。

（2）活动准备。

①教师自身准备：乐器知识的了解、音乐材料的分析等。

②环境准备：教师的站位、班级黑板或环境的布置、幼儿桌椅的摆放等。

③情感准备：对各种配器效果可能产生的情感反应有所准备。

（3）活动过程。对于大班幼儿，教师要注意培养他们迅速正确地对教师的指挥手势做出反应和即兴弹奏乐器的能力。在游戏的过程中，教师可以随意地变化指挥的手势，如突然加快或放慢、突强或突弱等以培养幼儿演奏时看指挥的习惯，这点可以在游戏开始前提示幼儿。教师要通过正面、积极肯定的评价方式培养他们这个良好的习惯。在游戏的过程中，教师要对大班幼儿提出倾听的要求，培养他们倾听他人的声音，这种声音包括他人的演奏、他人的创意和集体的意见等。

（4）教学建议。由于大班幼儿的自主性更加强了，所以教师应让幼儿选择自己能够驾驭的乐器，给幼儿更多的空间来表现和表达自己。此外，还要注意的一点是教学示范时教师要做到节奏准确，结构完整，为幼儿的模仿和再创造打下一个坚实的基础。

六、游戏化打击乐器演奏教学

幼儿天生具有对外界事物探究的好奇倾向，如自由摆弄物体并研究不同的摆弄方式、如何制造出不同的声音等，这些对他们具有强烈的吸引力。因此，能够占有和探究物体并弄出声响，对于幼儿来说本身就是一种有趣的游戏。当这些原始的奏乐冲动和第八章所述的韵律游戏结合在一起时，就自然变成了打击乐游戏。

（一）从开始进入的游戏

范例 5-3-1：切分的时钟（大班打击乐游戏）

（1）模仿教师一人一只手装作鳄鱼，另一人一只手装作猴子，相互配合玩"猴子追鳄鱼"的游戏（教师反复说"逮不着"时，猴子用食指快速在鳄鱼嘴里横向左右晃动，教师说"啊呜"时，鳄鱼咬猴子，猴子快速地将食指抽出）。

（2）各人一只手装作鳄鱼，另一只手装作猴子，相互配合"猴子逗鳄鱼"的游戏（仍由教师发出语言指令）。

（3）认识三角铁：模仿教师用两只手的食指和大拇指做成三角状游戏动作，也可实际使用三角铁玩上述游戏。

（4）教师敲击双响筒跟随音乐切分的时钟演奏相应的部分，邀请幼儿在时钟闹铃闹响的部分演奏。

（5）教师用表演动作指挥幼儿分成两声部（双响筒和三角铁），跟随音乐演奏。

（6）幼儿志愿者轮流用表演动作指挥其他幼儿分成两声部（双响筒和三角铁），跟随音乐演奏（演奏期间幼儿可以自由交换乐器）。

（二）从中间插入的游戏

范例 5-3-2：库乞乞（大班打击乐游戏）

（1）模仿教师用三种简单动作（如拍腿、抖手腕、拍手）随乐感受和表现音乐的 A 段、过渡和 B 段三部分（坐在座位上，重复 2 ~ 3 遍，在音乐的 B 部分跟随录音喊"库库—库乞乞"）。

（2）在教师的鼓励和引导下，将表现 A 段音乐的第一种动作（如拍腿）改成别的动作，其他不变（坐在座位上，个别幼儿说出自己的创意，集体练习，重复 3 ~ 4 遍）。

（3）教师请所有幼儿事先想好自己的动作，临时邀请到谁，谁就担当领头人带领大家在音乐的 A 段部分做动作，其他不变（坐在座位上，音乐连续播放 2 遍，可重复 3 ~ 4 遍）。

（4）复习"抢椅子"游戏，并跟随前面刚熟悉的新音乐玩这个游戏（在音乐的 A 部分行走，在音乐的过渡部分抢椅子，在音乐的 B 部分坐在椅子上拍手和喊"库乞乞"）。没有抢到椅子的幼儿按游戏规则成为领袖，准备接下来用新动作带领大家行走（音乐连续进行 2 遍，可重复 2 遍）。

（5）将乐曲摆放在椅子上，抢到椅子的幼儿将拍手动作改成奏乐，其他不变。

（三）在结束时插入的游戏

范例 5-3-3：拨弦——勇敢的乐手（中班打击乐游戏）

（1）跟随教师的指点观察音乐地图，了解故事梗概和音乐的结构，在音乐的强音部分跟随教师拍手。

（2）分成三个声部，跟随教师的指挥动作，分别用不同乐器演奏音乐中的强音。

（3）教师邀请一名幼儿自愿担任指挥，其他不变。

（4）全体幼儿扮演勇敢的小动物，用椅子围建三座城堡，教师扮演强盗，使用鼓或某种音色特殊的乐器，假装要去进攻小动物的城堡（实际上仍旧是教师用动作和空间移动在指挥不同声部的幼儿轮流演奏强音），小动物使用演奏的声音赶走"强盗"。

（5）如有条件，教师可邀请幼儿自愿担任指挥并表演强盗。

（四）贯穿始终的游戏

范例 5-3-4：大象和小蚊子（小班打击乐游戏）

（1）全体幼儿在手腕、脚腕（或其中之一）套上小串铃，听教师讲述大象散步、睡觉，蚊子叮大象，大象使用尾巴赶蚊子，然后大象再睡觉，蚊子再叮大象，大象生气了，一只脚踩下，蚊子昏倒的简单故事。在讲到小蚊子飞出来的时候，教师邀请幼儿下位，小碎步自由移动，同时挥动臂膀，振响小串铃。在教师讲到大象使用尾巴赶蚊子的时候，引导幼儿上位表演害怕的样子。在教师讲到小蚊子昏倒的时候，引导幼儿上位表演昏倒的样子。

（2）教师在讲述大象散步和抬脚时，加入大鼓的演奏，其他不变。

（3）教师在讲述大象使用尾巴赶蚊子时，加入蛙鸣筒或搓衣板的演奏，其他不变。

（4）如有条件，教师可邀请幼儿自愿演奏大鼓。

七、发展幼儿乐器演奏的艺术表现力

外国一位对音乐有较深造诣的教育学者曾指出，打击类乐器较其他乐器来说更有利于学龄前儿童操作。同时，人类对于打击类乐器的研究和掌握也先于其他类型的乐器。由于打击类乐器依靠敲击不同介质来完成对节奏的演绎,因此对有丰富想法的学龄前儿童来说,这是表达其内心感受的有效乐器。

幼儿园的打击乐器演奏活动泛指所有通过简单打击乐器进行的艺术表现活动。这种活动又可以再具体分为设计性(预成性)的演奏和即兴性(生成性)的演奏两种类型。教师对学前儿童演奏相关乐器的要求应包括四方面:一是儿童的敲击节奏能与所规定曲目的风格达到统一;二是儿童能依据标准正确使用各类打击乐器;三是儿童独自的演绎能与其他伙伴乐器的声音相融合;四是儿童还能自己创设出有个性的节奏曲调。

(一)舒适有效的演奏

与此有关的方法主要有五方面:一是选择合理的乐器和演奏方式;二是选择合理的空间安排;三是选择合适的练习速度;四是采用明晰、准确的指挥暗示;五是创造愉快、轻松、舒适的演奏氛围。下面具体论述:

1.选择合适的乐器和演奏方式

乐器或演奏方法不适合幼儿的能力,明显会影响演奏的舒适性和有效性。但由于各种控制协调能力发展速度的差异,年龄不同、经验不同、特长不同的幼儿对乐器和演奏方式的适应情况也是不同的。一般来讲,年龄小的幼儿应该多使用大肌肉来做演奏动作,而且最好先选用手掌拍击的方式,当幼儿有了一定的演奏经验和能力以后,再选用其他要求使用小肌肉的乐器和演奏方法,以及选用手眼协同能力要求较高的乐器和演奏方法。如捏奏响板、对击碰铃、摇奏铃鼓等,具体细节在后面还会介绍。

2.选择合理的空间安排

合理的空间安排也是保证舒适有效演奏的重要因素,而且合理的空间安排还能够保证活动的秩序以及声部音色混响的效果等。

3.选择合适的练习速度

选择合适的练习速度也是保证舒适有效演奏的一个重要问题。一般情况下,教师应该首先用自己哼唱的曲调来跟随幼儿的速度,即教师用眼睛看着幼儿,调整自己的哼唱速度,直至幼儿的动作显示出比较自如的状态为止。待幼儿的演奏逐步熟练后,教师应及时改换成弹琴伴奏,并稍稍加快速度,以使幼儿对练习产生新的欲望。待幼儿相当熟练时,教师还应将伴奏改换成录音播放的乐队音响,这时速度可以更快一点。教师应事先向幼儿说明,并激发幼儿挑战新情境的信心,而且乐队演奏的音响比较丰富,可进一步激发幼儿参与演奏的热情。

4.采用明晰、准确的指挥暗示

为了更有效地帮助幼儿体验演奏的舒适性和有效性,教师在运用指挥的方法时须特别注意以下三点:

(1)由于幼儿刚接触音乐艺术层面的演奏知识,因此在领会教师手势时需要的反应时间较长。教师就需要在开始下一节奏的演绎前,对儿童进行眼神的提示。同时,教师要减少提示语言的使用，可以在反复的练习中与儿童使用约定俗成的眼神、手势。

（2）在儿童使用打击类乐器时，教师可以使用该乐器的演奏动作来提示儿童，这样对学前儿童来说理解方面较为轻松。根据学龄前儿童的生理年龄阶段来看，对他们使用的提示手势越明确越有利于其记忆。

（3）一般不要使用装饰性的动作变化，动作越单纯、越清晰，越容易使幼儿轻松地领会。

5. 创造愉快、轻松、舒适的演奏氛围

愉快、轻松、舒适的演奏氛围是保证舒适有效演奏的另一个重要条件。教师在组织指导演奏练习时还应该注意下面四个问题：

（1）自己带头保持愉快、轻松的状态。当然，要做到这一点，教师必须对活动的材料、程序以及可能发生的突发性问题及处理策略做到成竹在胸。

（2）幼儿在学习过程中出现掌握困难时，教师不要急躁，应放慢速度，加强指导。

（3）幼儿在学习过程中出现注意力涣散或过度兴奋时，教师不要指责，而应设法激励或安抚。

（4）教师应特别注意用目光扫视法，将自己的愉快心情不断地传达给全体幼儿，并注意用目光的短暂停顿和有特殊需要的幼儿进行特殊的"对话"。教师使用目光可以在不中断指挥和演奏的过程中，给幼儿各种支持。这种指导方式在完整的演奏练习中显得尤为重要。

（二）有表现力的演奏

与此有关的支持方法主要有四方面：一是提供有表现力的伴奏音乐；二是教给幼儿有关的演奏技能；三是采用富有感染力的示范、讲解、指令和指挥暗示；四是创造适度兴奋的演奏氛围。

1. 提供有表现力的伴奏音乐

有表现力的伴奏音乐本身就能够感染打动幼儿，带动幼儿与音乐相互共鸣的愿望，在不知不觉中将心中体验到的情感倾注到自己的演奏之中。因此，教师不但应注意选择具有良好情绪感染力的音乐伴奏录音，而且在自己哼唱或者用琴弹奏伴奏音乐时也应随时注意音响表达的情绪感染力，以便给幼儿的演奏提供富有表现力的良好榜样。

2. 传授相关的演奏技能

教师在为儿童演示各类乐器的具体使用方法时，要使自身从精神状态到指法动作都是成体系的。教师的情绪状态也应与乐曲本身表达的精神内涵相符合。教师还需注意要提前对即将演奏的曲目做好练习，只有自身演奏熟练才能有回答儿童疑问的底气。技能教学的效益提高了，幼儿才能更快地在新的学习中进入"表现"的状态。

3. 采用富有感染力的示范、讲解、指令和指挥暗示

对于"学龄前儿童"这一生理年龄阶段来说，其精神层面的反应极易受其他外部因素的引导。如教师在讲解打击类乐器的课堂时需要指导儿童实际的应用操练，在这一过程中

教师本身的情绪状态要积极。儿童随时会出于教师情绪的严厉而开始厌恶相关乐器，这是教师在实际课堂中需要特别关注的问题。因此，教师在讲解操作性强的演奏乐器时，其态度应较理论知识内容的课堂更加温和耐心。

4.创造适度兴奋的演奏氛围

幼儿演奏的兴奋状态是特别需要注意的问题，因为过高或过低的兴奋状态都会影响演奏效果的表现力。所以，从教师自身的性格角度来说，自身性格的兴奋性比较高的教师应该注意避免使幼儿过度兴奋，自身性格兴奋性比较低的教师应努力通过提高自己的兴奋性激发幼儿的参与热情。而从幼儿的实际反映情况来看，幼儿的兴奋水平过低时，教师应该通过提高自身的兴奋水平来激励幼儿；幼儿的兴奋水平过高时，教师应该通过降低自身的兴奋水平来安抚幼儿。

（三）准确流畅的演奏

幼儿是否能够准确流畅地演奏，与其节奏感和结构感的发展水平密切相关。与此有关的支持方法主要有五方面：一是选择节奏明晰的伴奏音乐；二是引导幼儿倾听声部之间的相互关系，培养相互倾听、相互配合的良好习惯；三是向幼儿提供或引导幼儿创作合适的"变通乐谱"；四是采用准确、明晰的示范、讲解、指令和指挥暗示；五是创造适度紧张、态度认真、注意力集中的演奏氛围。

1.选择节奏明晰的伴奏音乐

幼小儿童比较容易受环境因素的暗示，同时抵抗环境干扰的能力又比较弱，所以当音乐本身的节奏不够明晰时，幼儿演奏节奏的明晰性往往也会降低。因此，教师应注意尽量为幼儿的演奏选配节奏更为明确的伴奏音乐，以避免影响幼儿节奏感的发展。

2.引导儿童倾听声部间的相互关系，培养相互倾听、相互配合的良好习惯

体验到"音响图案花纹"的美丽以及"音响图案花纹"的变化乐趣是打击乐器演奏很重要的价值，但这种活动的美丽所在更是因为这些美丽的音响图案是不同乐器小组共同编织的结果。因此，教师更应该引导幼儿注意倾听、配合其他声部，注意倾听整体音响效果，持之以恒地发展幼儿相互关注、相互配合的良好习惯。

3.向幼儿提供或引导幼儿创作合适的"变通乐谱"

由乐句、乐段横向构成的乐章与由声部和声部纵向交织构成的肢体，共同构成了音乐的"音响图案花纹"。由于这种"图案花纹"在实践过程中流动展开，转瞬即逝，在初学时往往更容易造成感知和记忆的困难。因此，在设计性（预成性）的演奏活动中，恰当运用更便于幼儿感知记忆的"变通乐谱"作为辅助工具，能够提高新作品的学习效率，同时给学习演奏的过程带来更多的愉快感受。

4.采用准确、明晰的示范、讲解、指令和指挥暗示

在演奏打击乐器的过程中感知多声部音乐的节奏和结构，这样的学习任务尽管有一定的难度，但有效的指导仍会使幼儿比较轻松地达到目标。因此，教师能够熟练应用准确和

明晰的示范、讲解、指令和指挥暗示等教学策略，在这里便显得更加重要。

5. 创造适度紧张、态度认真、注意力集中的演奏氛围

态度认真、注意力集中是良好学习必不可少的主观条件。由于多声部音乐学习任务有一定的难度，教师在指导幼儿学习或练习时更应注重创造适度紧张的演奏氛围。同时，经常处在适度紧张的学习氛围中也有助于养成良好的学习习惯。

第四节　音乐欣赏活动游戏化实施策略

一、欣赏活动教学的主要内容

音乐欣赏活动的材料包括音乐作品和音乐欣赏的辅助材料。因此，在为学前儿童选择音乐欣赏的材料时，也要分别从以下两个方面来考虑：

（一）音乐欣赏作品的选择

教师在根据儿童的生理年龄阶段筛选乐曲风格时，要注意所确定的乐曲既应该满足国家对学前教育的标准，又要关注全部曲目的风格类型是否达到各幼儿园内部对儿童的要求。最后在总体曲目结构的检验中要统计各曲目风格、内容是否足够多样，是不是"学前儿童"这一年龄阶段能有效理解的音乐内容。

如果教师以歌曲作为本节课要解析的乐曲类型，就需要事先了解该歌曲在内容和精神方面体现的内涵是什么，是不是大多数学前儿童能接受的类型。尤其歌曲的歌词，也就是文字部分要符合儿童的文化层次。即使是教师要对儿童进行拔高层次的曲目欣赏，其歌曲内容跨越度也不宜过大。

如果教师将乐器演奏类曲目作为相关的讲解内容，在考虑上面的歌曲要求后，需要就乐器本身演绎得是否完整和难度是否适宜进行检查。

而大量中外著名音乐作品，以及为大年龄儿童创作的音乐童话，无论在长度还是结构上，往往不可能完全符合上述要求。因此，在选择材料之后，通常还可以进行一定的节选或改编，以使这些材料能够接近学前儿童的接受能力。

一般常用的节选改编方法如下：

（1）节选片段：选取作品中相对独立的片段。如贝多芬第九交响乐第四乐章中的《欢乐颂》主题、海顿第 94 交响乐第二乐章中的《惊愕》主题、约翰·施特劳斯《拉德斯基进行曲》ABA 结构中的 A 部分、刘铁山等的《瑶族舞曲》中第一乐段的第一主题等。这些片段结构完整，有完满的结束感，形象鲜明生动，长度也比较适中，完全可以满足前述的选材条件。

（2）压缩结构：删减作品中的某些部分，而保留相对独立的部分。如聂耳的《金蛇狂舞》，原作品的结构是引子—A—B—A—引子—A—B—A—B—A。现将其中的重复部分删去，就构成引子—A—B—A的新结构，实际上也就是将原曲压缩为一个单纯的带有引子的单三部曲作品。

再如奥尔特的《钟表店》，原作品的结构是引子—A—B—A—过渡—C—A—尾声。在为3～4岁的儿童选择音乐时，可以只选其中的引子—A—尾声；在为4～5岁的儿童选择音乐时，可以只选引子—A—B—A—尾声；在为5～6岁的儿童选择音乐时，可以将C段中的其他部分删除，仅保留其中的慢板部分，并以这个慢板部分代替原结构中的C段音乐，构成一个新的引子—A—B—A—过渡—C—A—尾声结构的作品。这些作品压缩后，结构变得单纯而清晰，长度也变得较为适中，也就比较容易为学前儿童所接受了。

当然，在为学前儿童选择音乐欣赏教材时，还应注意从总体上考虑入选教材的多样性和丰富性。一般来说，选择音乐讲解教材主要按照以下标准：在内容方面选择的乐曲种类应该贴近儿童本身的生活环境，在节奏旋律方面应该包含多种乐器演奏的不同类型，在相关音乐的历史背景选择方面应该囊括更多时代下不同风格的代表性音乐曲目。

（二）教学辅助材料的选择

如果想让教师带领儿童进入音乐氛围的时间更短就需要借助其他材料，相关材料是从各个方面对乐曲本身做辅助解释的效用，就辅助补充材料本身来说也有以下三种不同种类：

1. 动作材料

儿童会根据乐曲节奏的急缓程度调整身体的摆动频率，这是学前儿童在学校接触系统的音乐内容学习之前就具备的自然能力。与韵律活动不同的是，在欣赏活动中选材条件更侧重于反映音乐的性质，即动作与音乐在节奏、旋律、结构、内容、情感等方面的一致性。所以，在为欣赏活动选材时，一般不宜选择对儿童来说比较复杂、陌生的动作，而应选择绝大多数儿童都能自然做出的动作。

此外，在音乐欣赏活动中，应经常让学前儿童有机会独立地选择动作，独立地对音乐做出反应。因此，在为欣赏活动选材时，有时只需选择动作反应的性质，不需确定具体的动作。如欣赏一首优美的抒情音乐，只需确定儿童所做动作的性质应是柔软、连贯、绵长、自由的即可。

2. 语言材料

帮助儿童欣赏音乐的语言材料也应该是有艺术特征的相关文字，如音乐家的创作历程等。

在儿童体验新乐曲节奏时，教师为其挑选相关文字材料有两个标准：一是其文字描述的内涵意义要与乐曲本身具有的文学意义相关。相关文字材料的内容和框架既要在乐曲包含的范围中，文字材料的朗诵曲调又要符合乐曲的情绪态度。只有达到多方面的吻合，其文字材料的出现才有意义。如儿童在这一节课将要学习的曲目是梦幻类乐曲，教师所讲授的音乐家历程也应充满梦幻的特点，同时朗诵相关文字材料时也要充满探索和浪漫的精神氛围。

教师选择相关文字材料的第二个标准是其文字本身通读后应较容易理解，符合学前儿童年龄阶段通读的等级，同时还具备一定的文学底蕴。教师在带领儿童具体品读乐曲的过程中，可以拿出不同类型的文字材料让儿童自己挑选应用的材料。在这种活动中，教师往往只需按音乐欣赏的要求选择划定大致的范围，如欣赏一首优美抒情的音乐，只需确定儿童语言所描述的形象和描述时所使用的声调应优美即可。

3. 视觉材料

对于学前儿童来说，其观看的模型和画面相较正常成年人都应更加详细立体，儿童目光观察到的事物应该是既可以静态展示，又可以有动态的操作演示。这样学前儿童在感知时能对事物有更加形象化的记忆，物体在不动状态下儿童就可以观察其细节，物体开始运行后儿童可以形成对其动态化的感知，就如同乐曲节奏既有固定的符号又有变化的脉络，便于儿童进行同类型应用感知。

在儿童感知陌生音乐曲目过程中为儿童筛选感知材料尤为重要，首先要符合本乐曲的演绎节奏，要通过儿童对感知材料的把握，可以达到预先对乐曲进行情感方面体验的水平。教师筛选的感知辅助材料要从内容和精神层面都符合该乐曲的内涵，包含其变化运动都应该在乐曲合理的范围内。

如在欣赏柴可夫斯基的《洋娃娃的葬礼进行曲》时，所提供的画面色彩应是灰暗的，构图应是凝重的；而在欣赏聂耳的《金蛇狂舞》时，所提供的画面色彩应是辉煌的，构图应是具有强烈动感的。再如，在欣赏陈兆勋的《小白兔跳跳跳》时，木偶操作的节奏和结构变化应与音乐的节奏和结构变化相一致；在欣赏史真荣的《龟兔赛跑》时，幻灯或投影操作的画面变化应与音乐内容变化相一致。

选择视觉辅助材料的其次条件是形象生动有个性，艺术感染力强，能为学前儿童所理解与喜爱。另外，还需考虑制作、购买材料时，精力上和经济上的条件是否允许等。

在音乐欣赏活动中，有时也可让学前儿童独立地创作视觉艺术作品，并以此来表达他们对音乐的感受。在这种活动中，创作的要求应与音乐欣赏的要求相一致。如在欣赏一首回旋曲时，欣赏的要求是感知和理解乐曲的结构，就应要求儿童在美术创作中尽力反映出这种结构。

二、幼儿欣赏游戏

（一）幼儿欣赏游戏的特征

欣赏是音乐教学的重要内容，也是培养幼儿音乐兴趣、扩大幼儿音乐视野、发展幼儿音乐感受能力、提高幼儿音乐表达及审美能力的有效途径。其主要特征有以下几点：

1. 音乐形象生动具体

幼儿的抽象能力发展得还不够完善，他们无法像成人一样对不熟悉的音乐形象做抽象的聆听，因此要求欣赏的作品应该具有幼儿比较熟悉的音乐形象，如《狮王进行曲》等。在教师的引导下，幼儿很快就能联想到平时看到的各种动物形象。由于幼儿有了初步的感性认识，他们在欣赏活动的过程中很容易找到它的音乐形象，进而理解音乐作品表现的思想内容。

2. 以倾听为主要形式

倾听音乐是音乐欣赏的主要方式，在幼儿音乐欣赏游戏中最重要的环节莫过于倾听。例如，欣赏《苗岭的早晨》时，教师应启发幼儿注意倾听乐曲中模仿鸟鸣的声音，由此联想到日常生活中早晨不同的景象，再通过分析苗族音乐的特点，让幼儿体会苗岭早晨特有的景象。只有通过不断地倾听，才能让幼儿真正提高音乐鉴赏力，丰富他们的审美经验。

3. 调动多种感官参与

音乐作品的欣赏仅靠幼儿的听觉活动是远远不够的。围绕欣赏内容，教师可以结合音乐的各种要素，采用歌唱、故事、图画、演奏、身体动作表演等方式，让幼儿参与到音乐中，引导幼儿调动各种感官，投入音乐欣赏活动中。例如，用即兴表达的形式进行。在欣赏游戏中，教师可以要求幼儿自由地做一些符合音乐性质，能表现音乐形象的动作，这种表达不仅会让幼儿更仔细、认真地聆听音乐，还能最大限度地保护幼儿的创造性，加深他们对音乐的理解。

4. 个性化的音乐理解方式

音乐是抽象的，任何语言都不会准确地描述某一段音乐。欣赏活动与其他音乐活动有所区别，歌唱、律动、演奏活动更需要教师准确地进行细节指导，如哪一拍敲击、具体的歌词是什么、手臂动作的具体位置等，教师都应当给予幼儿准确的答案。但在幼儿欣赏活动中，除背景知识介绍，教师的指导一定要避免用过于具体的、定义性的词语，如"这段音乐就是表现敲门声……""这就是……""这一定是……"，而要增加"是不是……""仿佛是……""像不像……"等具有引导性、启发性的语言。过于具体的语言会阻碍幼儿的想象空间，会限制幼儿对音乐的理解。所以，在欣赏活动中教师对音乐作品的介绍，要根据不同年龄段的幼儿的理解水平和抽象思维能力的水平进行启发式的讲解，同时一定要避免引导启发的语言过于具体化。

（二）幼儿欣赏游戏的功能

1. 文化功能

多元的文化带来了多元的音乐。当我们为幼儿播放一部音乐作品时，我们将简单地讲解这部作品的文化背景、地域特点、风格特征等相关能被幼儿所理解和接受的文化信息。

如欣赏一段蒙古族音乐，教师会在欣赏课的过程中以多种方式为幼儿呈现蒙古族人的生活环境、生活方式、性格特点、主要节庆活动，或者是演奏这首乐曲的民族乐器等。在呈现这些信息后，幼儿就会对音乐形成简单的理性认识，同时也会掌握部分音乐作品的背景知识，了解更多的地域文化，开阔眼界。由此可见，音乐欣赏游戏为幼儿带来的知识是多元复合的，这对增加幼儿的文化知识储备有非常大的帮助。

2. 想象功能

爱因斯坦曾说过："想象比知识更重要。"幼儿的音乐欣赏游戏注重帮助幼儿较为准确地把握音乐情感，引导幼儿以自己的方式（肢体、绘画、故事……）调动起已有的生活经验，创造性地对音乐情感进行自由诠释。欣赏的主要目的是教师通过各种辅助教学手段，引导幼儿进行联想与想象，激发他们的创造能力，鼓励幼儿勇于表达自己的审美体验。相较于其他音乐活动，欣赏活动为幼儿提供了更广阔、更自由的想象空间。

3. 审美功能

音乐欣赏是一种审美实践活动，在音乐欣赏游戏中幼儿可以接触到多种题材、风格、内容、形式的乐曲。不同音乐形成的不同的美，会让幼儿产生不同的美的感受。经常让幼儿进行音乐欣赏活动，会增强幼儿对音乐的感受力，培养幼儿对音乐的鉴赏力和表现力，丰富幼儿的音乐经验，加深幼儿对音乐的兴趣，逐步培养幼儿认识美、欣赏美的能力。

4. 教化功能

爱美之心人皆有之，优美的音乐可以带给幼儿丰富的情感体验，使他们获得精神上的愉快和满足。优秀的音乐作品能让幼儿得到美的熏陶，从而在潜移默化中达到情操的陶冶、人格的升华。据报道，新西兰第二大城基督城闹区商家发现，当人们开始用扩音器播放抚慰人心的古典音乐后，犯罪事件剧减。这种"莫扎特效应"已成为当地政府打击犯罪的秘密武器。当然，幼儿不会涉及犯罪问题，但从小进行良好的音乐熏陶，使其对美好事物的向往、人格的完善都有重要的作用。

三、幼儿欣赏游戏的设计与指导

（一）小班幼儿欣赏游戏的设计与指导

1. 小班幼儿欣赏能力的特征

（1）理解能力的发展。小班幼儿受其生理、心理发展水平的影响，对音乐作品的理解能力十分有限。他们对音乐作品的感情性质不易理解，往往最注重的是表现主题的特征性因素，如对象声词"轰隆隆"的打雷声、"喵喵"的小猫叫、"咚咚咚"的敲鼓声等对应生活经验进行想象，但是对作品的情绪、风格、音乐的强弱、速度变化不够敏感。另外，小班幼儿在听歌曲的过程中，对歌词的理解也会存在一定的欠缺，这和小班幼儿有限的语言认知有关。

（2）倾听能力的发展。倾听是开展音乐欣赏的前提和基础。小班幼儿对"倾听"表现出浓厚的兴趣，会十分乐意、自发地倾听周围环境中的各种声音，并主动分辨这些声音。小班幼儿需要在教师的提醒下辨认音乐作品中的简单速度变化或者体会歌曲中所表达的基本情绪，但专注的时间较短。

（3）感受力的发展。小班幼儿已能够较简单地感受音乐情绪，如抒情的、欢快的、悲伤的等，并能够愿意尝试用肢体语言表达出来。但他们尚不具备独立欣赏音乐的能力，无法进行抽象的理解。例如，欣赏某段音乐，教师如果先提示幼儿"这是一段悲伤的乐曲"，幼儿就会问一些很具体的问题，如"老师怎么了？""老师，她哭了吗？""为什么悲伤？"，所以，在小班幼儿的欣赏游戏中，教师需要以较为形象化的语言对幼儿进行引导，帮助幼儿进行理解。

2. 小班幼儿欣赏游戏的设计

欣赏游戏的指导设计方案以及实施方法都是由欣赏游戏本身的特征所决定的，小班欣赏游戏的指导与设计是在小班幼儿身心发展特点的基础上，对音乐题材、风格、特点以及情感等方面进行指导和参与。欣赏不仅仅是聆听，更多的是融入，让幼儿自己去定义欣赏、自己去感受，他们甚至可以联想到自身，这样就达到了欣赏的目的。在欣赏游戏设计时，把握住幼儿对游戏主体的这一原则至关重要。

（1）音乐的选择。在音乐的选择上可以是歌曲，也可以是乐曲或者由各种节奏组成的声音片段。总之，可以把博大的音乐世界展现在小班幼儿面前，不要担心他们不懂，其实音乐的奇特之处就在于不需要真正懂得也可以融入，也可以联想，也可以享受美。在歌曲上可以选择歌词内容丰富的、贴近幼儿生活的，这样会带动他们强烈的热情和对音乐的喜爱。乐曲方面可以选择各种不同风格的，可以是中国古典的或是民族风格的，也可以是欧洲的古典派，如莫扎特、舒伯特、门德尔松、巴赫、柯达伊等著名作曲家的作品。音乐的欣赏是一个漫长的、复杂的积累过程，欣赏的作用会在以后的生活中慢慢延展开来，所以不要受曲目的束缚，要看到欣赏游戏给幼儿带来的长远乐趣，通过欣赏游戏他们也可以更好地锻炼思维能力。

（2）活动目标。欣赏游戏的活动目标设定最容易模式化，结果设定成感受到音乐中表达的情感，感受到了词曲家所表达的含义等。其实，音乐来自内心世界，每个人的内心世界都是不一样的，幼儿更是一个独立的个体。小班幼儿正处在人格形成的关键期，作为一个教育工作者，不能将自己或者自己希望的模式复制或强加于幼儿身上，所以词曲家所想并非幼儿所想。欣赏游戏的可贵之处就在于它能激发幼儿无限的想象，能拓展他们无限的情感。所以，活动的目标要基于幼儿，不要过于烦琐，对于小班幼儿更是要简单，能够展开丰富的想象，用自己的感受来体验音乐、表达音乐即可。

（3）活动准备。

①教师自身准备：了解欣赏音乐的基本信息、基本风格等，如需要材料引导，还可以做相关的物质准备。

②环境准备：根据欣赏的音乐布置环境，如教师站位、桌椅摆放、光线等。

③情感准备：这里的情感准备不是指教师把音乐所表达的情感告诉幼儿，而是对幼儿可能产生的不同的情感感受有所预测，以便进行积极的引导。

（4）活动过程。如果选择有歌词的歌曲，在引导阶段也要做一些熟悉的知识和场景的复习与再现，这是小班开始游戏活动比较常用的、有效的模式，避免幼儿有一种茫然陌生的感觉，方便理解。在实施过程中，不能只是普通意义上的欣赏，要让幼儿的主体地位充分发挥出来。在欣赏过程中可以进行表演类的游戏，让每个幼儿参与其中，不要固定表演的形式，在基本目标不变的情况下尽量保留他们的想法。

此外，还原幼儿内心世界的真实性，可以让幼儿用语言来表达，让幼儿抒发自己的情感与想法，可以根据他们的想法做一些拓展活动，拓展到其他领域（美术、语言、社会等）。

（5）教学建议。

①选用的乐曲题材应以欢快或平和为主，不建议用比较悲伤的音乐，因为小班幼儿对于悲伤的认知不是很明确，这种音乐会造成他们莫名的不安，相对而言，欢快的音乐就很容易带动他们的情绪，引发他们的联想，还会随着音乐做动作。

②教师的引导时间不要过长，主要时间放在欣赏和游戏上，在幼儿不违反基本秩序和安全的情况下，尽量不要控制幼儿的行为。

③欣赏游戏很容易触动幼儿的内心，他们没有较好的控制能力，在身体协调没达到一定程度的情况下容易发生意外伤，所以教师要注意游戏过程中的安全问题。

④不要遗忘幼儿，有些幼儿比较内向，不容易表达自己的情感，这时教师不要遗忘每一位幼儿，在欣赏音乐时幼儿的情感是比较敏感的，被遗忘的幼儿会产生很强烈的失落感。

（二）中班幼儿欣赏游戏的设计与指导

1. 中班幼儿欣赏能力的特征

（1）对音乐作品内容的理解。与小班幼儿相比，中班幼儿在思维、想象上有了进一步提高。因此，音乐欣赏过程中他们的音乐理解能力在不断发展。这种理解能力通常表现在歌曲及标题器乐曲的理解上，他们借助于歌词及已有的生活经验、音乐经验，基本上可以理解音乐作品的内容，包括内容比较复杂的儿童歌曲所表达的艺术表演形象。但是，中班幼儿对较为复杂的、没有标题的纯器乐曲的理解还有一定的困难。

（2）倾听能力的发展。中班幼儿的倾听能力有了很大的提高，能逐渐辨别声音的不同变化。他们不仅能听出音乐的音区、速度、力度、节拍等方面的变化，还能听出乐段和乐句之间的重复和变化。另外，幼儿已经能初步感受到音乐作品中较为突出的感情色彩，尤其是对比鲜明的音乐，如进行曲的雄壮和抒情曲的悠然等，但是对音乐作品中的力度和速度的细微变化还感受不到，也不能辨别由于音区不同和演奏不同而造成音色上的差别。

（3）对音乐作品的感受力。中班幼儿已经进入音乐学习的关键期、他们对旋律简单、情绪情感明显的小型乐曲可以独立欣赏并了解。此时的幼儿已经能够感受不同题材、风格鲜明、结构短小的歌曲、乐曲，基本上能够理解音乐所表达的情绪和情感，并由此产生一定的想象、联想，再用外部动作加以反映。

2. 中班幼儿欣赏游戏的设计

欣赏游戏的指导设计方案以及实施方法都是由欣赏游戏本身的特征所决定的，中班幼儿欣赏游戏应该以中班幼儿的年龄特点为基础进行设计，通过倾听使幼儿的眼界更加开阔，丰富他们的音乐经验，发展他们的记忆、想象和思维，对音乐产生稳定而持久的兴趣。在这里，我们结合中班幼儿的特点进行分析。

（1）音乐的选择。由于中班幼儿的认知发展水平进一步提高，对于事物的分析能力也进一步增强，中班幼儿可以通过很多形式表现他们欣赏到的音乐。所以在音乐的选择上，可以挑选比较有特色的曲目，比如不同地域的、段落对比明显的曲目，内容较为广泛。风格比较多样的音乐作品都可以作为中班幼儿音乐欣赏的内容，如舞曲、进行曲、摇篮曲、爵士乐等。

（2）活动目标。中班幼儿的听辨能力有所提高，逐渐能分辨声音的细微变化，能通过教师的引导初步感受到乐曲的结构，听出乐段、乐句的重复，以及乐曲在情绪上的明显差异，并且能够理解音乐所表达的情感，由此产生联想和想象。由于乐曲的不同乐章代表着不同的情感和风格，所以让幼儿自己去发现其段落的划分和风格不同也是欣赏游戏的一个目标，比如在欣赏贝多芬的《月光奏鸣曲》时，大部分幼儿都能明白地表达出他们心中第一乐章和第三乐章的不同风格，还能通过自己的感受进行分析总结。同时，中班幼儿具备一定的音乐欣赏表达能力，游戏中表达的形式可以是多样性的，如通过动作来表达，或者通过语言和编创小故事来表达等。

（3）活动准备。

①教师自身准备：对欣赏音乐的基本信息、风格特点、文化背景的深入了解。

②环境准备：根据欣赏的音乐布置环境，如教师站位、桌椅摆放、光线等。

（4）活动过程。首先教师应该进行引导，在引导的过程中教师可以把欣赏后要与幼儿分享的问题先暗示给幼儿，让幼儿有一个心理准备。在欣赏的过程中，教师可以把欣赏游戏的活动重点更加突出一些，比如教师的目标设定中有关分段的目标，那么在重点段落结束或者开始的时候有一些眼神或动作的提示，这些提示的目的不是要告诉幼儿段落的变化，而是要提醒幼儿注意，以免幼儿注意力不集中从而达不到欣赏游戏的效果。

在欣赏后的分析中，教师可以简单地进行引导，其他都由幼儿自己来表达，如果把空间交给幼儿，他们会给你一个更大的空间。由于每个人的心情和经验决定了每个人对乐曲的感受不可能都一样，所以在游戏结束后的评价总结时，教师应做到客观地对待幼儿对所欣赏曲目的想法和意见。

（5）教学建议。中班幼儿还停留在强烈的自我中心时期，所以幼儿对曲目的分析往往结合了自己的经验，他们可能不容易接受跟自己完全不同的意见，教师在活动过程中要注意调节幼儿之间的讨论交流，进行恰当的指导，避免因意见纠纷引起的混乱。

（三）大班幼儿欣赏游戏的设计与指导

1. 大班幼儿欣赏能力的特征

（1）理解能力的发展。大班幼儿对音乐作品中歌词所表达内容的理解已经达到比较高的水平，能够独立地理解歌词的含义和表达的情感，感知其细微之处。而他们对音乐作品的理解能力，主要表现在对音乐所引起的情感、想象、联想以及音乐所表达的思想和内容的理解，而且对结构较为复杂的音乐能够做出自己的解释和理解，并具有逻辑性和关联性。

（2）倾听能力的发展。大班幼儿已经能初步把握音乐的表现手段，他们不仅能辨别音乐作品中速度、力度及音区的变化，还能辨认乐曲的结构，如二段体或三段体的结构。大班的幼儿对部分乐器的音色有了初步的认识，所以已经可以对所欣赏的音乐进行演奏乐器的分类，如弦乐、管乐、打击乐……甚至可以听辨出主要的演奏乐器，如小提琴、大提琴、钢琴等。但对于音色相异性较小的乐器，如小提琴与中提琴、大提琴与贝斯、长号与圆号等，分辨起来还是比较困难的。

（3）感受能力的发展。大班幼儿对音乐作品的感受能力和理解能力有了很大的进步，已经可以理解音乐的情绪差异和风格差异。随着音乐经验的不断丰富和积累，他们能够感觉和辨别较为复杂的音外作品，并能区别作品结构、情绪和风格上的细微差别，同时也能对音乐形象鲜明的同类音乐作品进行分析和归类，并用语言表达音乐感受的能力增强了，能在不同色彩的音乐中自由想象和表现。

2. 大班幼儿欣赏游戏的设计

（1）音乐的选择。这个阶段的幼儿对于音乐的感受和理解能力都有了更大的进步、听辨能力更强了，能从对音乐的粗略进行比较细致的区分，而且能感受、辨别较为复杂的器乐曲结构、音色以及情绪风格的变化。所以，可以选择歌词内容复杂的曲目。针对大班幼儿的发展特点，可以为幼儿选择民族音乐，甚至具有丰富音乐文化的世界名曲供他们欣赏，对幼儿进行多种感官的综合培养，充分发挥他们在音乐欣赏活动中的主体作用和个体特点。从而拓宽音乐视野，增强对音乐的鉴赏力。

（2）活动目标。大班幼儿能对纯器乐作品进行清晰的分辨，并且理解音乐作品在速度、力度、音色、节奏等表现手段上的变化。他们还能够在音乐欣赏过程中有创造性的表现，这种表现不只体现在表现意识的强烈，而且体现在创造性的表现更丰富多样，有身体动作、嗓音表达、语言描述、图片再现等。随着年龄的增长，幼儿的音乐鉴赏能力也直接地表现在音乐的偏好上，他们容易受到经验或者偶像崇拜的影响。所以，教师在目标设定时不要追求所有幼儿的统一，要尊重幼儿的见解，可以通过暗示和指引让他们自己选择音乐偏好。

（3）活动准备。

①教师自身准备：对欣赏音乐的基本信息、基本风格等的掌握，包括对多媒体课件等辅助材料的准备。

②环境准备：根据欣赏的音乐布置环境，如教师站位、桌椅摆放、光线等。

（4）活动过程。在活动的过程中主张多听、多感受，教师应该多次播放所欣赏的曲目，并在每次播放的时候加以提示，同时在欣赏后分析幼儿的想法。教师要在反复进行的过程中通过暗示等间接的指导方法实现活动目标，让幼儿自己发现所欣赏曲目的特点和风格类型。由于大班幼儿的注意力集中时间较长，可以给出一定的时间进行讨论和总结，总结的方式可以是多样性的，可以语言陈述，可以通过动作表现，可以几个人一组，也可以单独编故事等。

（5）教学建议。教师的引导时间不宜过长，主要时间放在欣赏和游戏上，在幼儿不违反基本秩序和安全的情况下，尽量不要控制儿童的行为。由于幼儿对音乐的认识受到幼儿本身经验知识和心理发展水平的制约，所以教师应该多给幼儿独立接触音乐的机会，不要强行灌输，着重引导幼儿自己发现、自己感受，建议在欣赏游戏的活动中多对乐器进行欣赏。

四、游戏化音乐欣赏教学

前面已经讨论过，让幼儿安静的没有任何身体动作参与的状况下欣赏音乐是非常困难的事情。因此，这里所说的音乐欣赏游戏，即幼儿使用自己能够轻松驾驭的方式参与到音乐反应的过程中，并充分享受快乐的音乐活动。与其他音乐游戏活动的主要区别可能就在于，音乐作品的规模或结构会稍大、稍复杂，因此音乐感知的教学目标会稍稍提高一些。但同时，为了保持游戏的快乐水平不下降，动作反应和游戏反应的难度会尽可能地降到最低。

（一）从中间插入的游戏

范例 5-4-1：魔盘（中班欣赏游戏）

（1）教师讲解小老鼠如何前往老猫家拿回香肠的故事，并提示幼儿玩游戏。游戏规则：幼儿扮演小老鼠，往老猫家走，一共 4 次，老猫回头看的时候，必须蹲下做躲藏状不能动，老猫睡觉的时候才能到老猫家拿香肠，并跑回自己家。

（2）教师带领幼儿各自用自己的双手假装小老鼠在腿上跟随隐喻玩游戏（全部采取坐姿）。

（3）另一名教师扮演猫，执教教师带领一名幼儿尝试玩这个游戏，从所谓的自己家出发，前往老猫家，最终返回自己家。其他幼儿观看。

（4）另一位教师扮演猫，执教教师带领两三名幼儿再次尝试玩这个游戏，从假装的自己家出发，前往老猫家，并最终返回自己家。其他幼儿观看。

（5）全体幼儿和教师一起玩这个游戏。

范例 5-4-2：动物狂欢节组曲—终曲（大班欣赏游戏）

（1）教师播放电影《大独裁者》中卓别林的表演，理发师跟随约翰内斯·博拉姆斯《匈牙利舞曲》第五号所做的理发表演片段，幼儿欣赏。

（2）教师与幼儿共同回忆前往理发店参观时，自己观察到的理发师进行"按摩"服务的各种动作。

（3）教师与另一位教师共同跟随音乐，表演"按摩"服务动作组合。

（4）教师带领全体幼儿跟随音乐练习上述组合动作（全部采取坐姿）。

（5）幼儿两两结对，相互轮流随乐"按摩"（按摩者站立，被按摩者坐着）。

（6）教师与幼儿共同讨论还可以跟随音乐做哪些事情。

（7）教师播放动画电影《红鹤和溜溜球》（配乐为《动物狂欢节组曲—终曲》），幼儿欣赏。

（二）在结束处插入的游戏

范例5-4-3：萨沙（大班欣赏游戏）

（1）教师带领幼儿学习为音乐第一段所编的简单律动或引导幼儿为第一段音乐创编简单律动，然后跟随第一段音乐进行初步练熟。

（2）教师和幼儿一起讨论在双手不动的情况下，如何跟随音乐有节奏地运动躯干和下肢的各个部位。

（3）教师指导幼儿左手的手心向下，举在左胸前，右手食指向上，置于右侧他人左手心下。教师发出指令时，每个人都要用左手去抓别人的右手，同时也要抽走自己的右手，保证不被别人抓住。

（4）教师带领幼儿跟随第二段音乐，尝试自由地做各种自己即兴探索的、有节奏的身体动作，并在音乐结束时相互做手的"抓—逃"游戏。

（5）教师带领幼儿将两段音乐连起来做游戏（整个活动采取坐姿，保持全体在一个圆圈的状态下）。

（三）贯穿始终的游戏

范例5-4-4：蓝色的多瑙河圆舞曲（大班欣赏游戏）

（1）教师在月夜幻灯背景下随音乐表演手影动作组合：小动物参加晚会——天鹅、小兔、毛虫、蝴蝶出场——最后大家一起狂欢。每个情节配合一个音乐主题。

（2）教师带领幼儿一起在屏幕上玩上述手影随乐游戏。

（3）教师提供湖面、草地、树叶（菜叶）、花丛幻灯背景，供各小组的幼儿选择，创编上述动物或其他生活在上述环境中动物的动作（一个动作或两个动作构成的组合）。幼儿分组做动作。

（4）幼儿分组依次在自己选择的背景前表演创作的手影舞蹈。

（5）教师与幼儿共同创编"狂欢"的手影舞蹈，最后大家一起在焰火背景上表演。

（6）教师和全体幼儿一起连贯地表演共同创编的手影舞蹈。

说明：可以由教师在月夜幻灯背景上单独表演第一遍音乐，表演第二遍音乐时幼儿分组在各自的环境背景中依次表演属于自己的段落，然后一起在焰火背景上表演狂欢的段落，也可以采用其他组织结构方式表演。

五、发展幼儿欣赏音乐的能力

一般人们对于"乐曲鉴赏"一词的理解都是发表自身关于各类曲目节奏的看法,但对于学前儿童来说,他们自身并没有聆听感知曲目的经验,因此需要教师将更多的目光放在带领儿童融入音乐氛围中,指导儿童如何从不同类型的曲目中得到艺术方面的熏陶。因此,音乐鉴赏的具体意义也就是如何聆听音乐。

教师在课堂中播放不同类型的曲目,其目的是希望在学龄前阶段让儿童在音乐方面有更广阔的知识面。教师要想增加儿童对陌生音乐曲调感知的经验,使儿童在音乐艺术方面和其他伙伴儿有更多的沟通话题。

教师要明确"音乐鉴赏"一词的内涵,进行有效的乐曲欣赏活动首先需要儿童的情绪饱满,也就是儿童自身经过教师设置的音乐氛围要有主动探索乐曲节奏的想法。实际上,在个人音乐欣赏能力的发展过程中,兴趣、愿望与能力的发展是一种相辅相成的关系;随着儿童感知音乐数目的不断增加,其接触新的音乐类型也会有更丰富的经验。在儿童从音乐艺术方面感受到成功后,会更自觉地投入音乐曲目赏析中。

在国家规定的学前儿童欣赏音乐艺术能力的等级划分中,将儿童解析乐曲的水平划分为不同层级。国家和职业类院校期待达到的标准是教师可以在几个学期的讲解中使儿童解析音乐的能力升级到最高层次。因此,具体提升儿童解析乐曲的能力可从以下五个方面着手:一是教师筛选适宜儿童生理阶段的乐曲曲目;二是幼儿院校不断升级辅助音乐设备;三是在具体感知节奏的过程中,教师要调动幼儿的各种感官投入其中;四是增加儿童对乐曲和节奏的演艺展示;五是让幼儿有更多机会利用不同的符号体系来表达自身的音乐感受。

(一)选择最好的音乐作品

根据对学前儿童喜爱音乐曲目的调查可以看出,学龄前儿童普遍倾向于理解歌词内容,并且对无歌词纯乐器演奏类的乐曲也有一定的喜爱度。在国外将部分成名的经典乐曲在学龄前阶段向儿童进行欣赏聆听,其带来的教学效果也十分明显。所以,如果可能,教师应该尽力为幼儿选择公认最好的音乐作品,让儿童直接与音乐大师对话,使儿童尽早开始发展对优秀音乐的敏感性。

(二)选择最好的音乐音响

音乐的真实形象是通过真实的音响展示出来的,教师必须尽力选择最好的音乐音响,只有聆听到最好的音乐音响,儿童才有可能知道究竟什么样的音乐音响是真正美好的。

(三)让儿童有机会利用更多的感知觉通道进行音乐的感知

我们将相关心理学内容应用于学前教育领域可以发现,儿童在接触陌生事物时如果能动用更多感知器官参与认识,其结果会比单一器官感知更加丰富。音乐认识也不例外。因此,教师应将讲解的目光集中于让儿童亲自实践体验,不能只由教师进行全篇的叙述。

（四）让儿童有更多机会在伴随音乐进行的表演过程中直接感知体验

以前，教师向学前儿童讲解音乐艺术内容时，更倾向于反复聆听乐曲和讲解相关作品的地位，从而让儿童有所了解。但是根据目前对艺术教育统计的数据来看，最正确的讲解方式应该是播放音乐让儿童跟随着进行表演，这样一来，儿童更能直观地体验到音乐曲目表达的内涵。因此，幼儿教师应该更加关注丰富音乐艺术类内容的讲解方式。

（五）让儿童有更多机会使用不同的符号体系来表达自身的音乐感受

人们在运用不同的符号体系对音乐感知结果进行表达时，实际上已经是在进行更深层次的感知了。所以，教师应该利用这一规律进行音乐欣赏教学设计，让儿童有更多机会使用不同的符号体系，以此表达他们对音乐的感受。

（六）引导儿童感受倾听环境中的音响的快乐

在儿童生活的外部世界中包括大自然环境和日常生活环境，都存在各具特点的声音类型。如自然森林中会有鸟叫、虫鸣和风声，在人行道和马路上会有汽笛声和人们结对闲聊的声音，各类声音都能成为专业音乐者创作新曲调的灵感来源。许多流行于市井的流行歌曲都是音乐者在一些细小声音的刺激下迸发的灵感，表达出其自身和许多爱好自然的人们共同的感知认识。此外，还有一部分创作儿童乐曲的音乐者也惯用模仿自然声音的手段加工新的儿歌，由于儿童对各类声音都比较敏感，因此在儿歌中穿插自然的音色曲调能更吸引儿童的关注。如果家长和教师没有对学前儿童培养细小音色的感知能力，儿童未来欣赏音乐艺术会有较大的困难。因此，对于教师和家长来说，需要在儿童年龄较低的阶段为其营造音乐氛围，培养其感知生活中的各类声音，增加其对音乐曲调的敏感度。

比如，我们可以引导儿童倾听这些声音，如活动室中的声音，庭院、活动场所中的声音，厨房中的声音，卧室中的声音，马路上的声音，建筑工地上的声音，在公园、郊外游玩时所听到的声音，在家庭、社区生活中所听到的声音等。

第六章 学前儿童音乐教育体验式学习实施策略

第一节 动作体验式学习实施策略

《毛诗大序》中曾提出，咏歌之不足，不知手之舞之，不知足之蹈之。这句话解释出唱歌与体态动作间的关联性。儿童声乐教学的关键是寓教于乐、众所周知，唱歌是为了表达自身情感，而儿童的情感最为自然、真实，因此教学过程中不能仅把歌唱技巧强行应用于儿童音乐教学，首先应该通过培养儿童学习音乐的兴趣，再将真实的情感与科学的歌唱相结合，达到儿童音乐教学的效果。体态动作教学法的形式也是寓教于行，其实质也是以动辅唱，这与儿童音乐教学的关键是相一致的。

一、以游戏动作方式熟悉音乐要素

音乐的基本要素包括旋律和节奏，因此儿童学习音乐时需掌握旋律和节奏的歌唱能力。但由于儿童易对旋律和节奏产生疲劳感，学习兴趣不足，并且许多刚开始从事儿童音乐教学的教师经验不足，儿童年龄较小，其自控能力差，不愿意坚持学习，从而影响儿童音乐的教学质量。所以，为了进一步提高儿童音乐的教学效果，教师可以在教儿童学习旋律和节奏时，通过指导儿童进行模仿游戏等方法，激发儿童相关音乐学习的兴趣，从而有效强化儿童理解其旋律和节奏的意义，达到提升教学质量的目的。

例如，教师可以利用钢琴的高音、颤音部分模仿小的鸟叫声，提示儿童学习小鸟在天空中飞翔的姿势，而鸟叫声是清脆高亢的；在学习低音时可以利用钢琴的低音级部分模仿灰熊走路的姿势，指导儿童进行模仿，感受灰熊走路时发出的低沉的声音，从而达到加深儿童理解并记忆旋律的目的。儿童在学习节奏时，最关键的是让儿童通过感受规律的节拍从而理解节奏的强弱，如以 3/4 拍为例子，其强弱关系是强、弱、弱，教师可以使用不同颜色的脚印来区分，其中红色表示强、绿色表示弱，在教室的地面上放置红绿相间的脚印图案，来标志 3/4 拍的关系，指导儿童在 3/4 拍的音乐节奏中按照颜色依次踩踏脚印图案使儿童明白节奏的含义，关于其他节拍也可以进行类似游戏。教师可以通过相关游戏等体态动作教学法，加深儿童对声乐要素的理解，从而有效提升儿童学习音乐的效果。

二、以模仿动作方式掌握歌唱方法

在学习歌唱方法时主要是讲究歌唱时的姿势，其发声自然、语言准确及歌唱力度是关键。而在儿童音乐教学过程中通过体态动作教学，使用"以动辅唱"的技巧，让儿童在动中学唱，并在动中改错，使儿童觉得唱歌是有趣的、简单的，将唱歌方法与游戏相结合，避免儿童坐着研究唱歌方法产生枯燥感，从而提高儿童学习音乐的兴趣。

比如，在学习声音的共鸣时，教师尽量少灌输共鸣的理论知识给儿童，可以引导儿童模仿动物叫声的同时用动作感知其声音，像模仿羊叫声"mie、mie、mie"，或者猫叫声"miao、miao、miao"，体会哼鸣的效果；另外，让儿童模仿鸽子的声音"gu、gu、gu"，或者鼓的声音"dong、dong、dong"，可以让儿童练习声音集中时元音的发声。当哼鸣和元音混合时会使儿童唱歌的声音更加明亮、柔润，还有助于儿童稚嫩声带的发育，同时还能让儿童用动作感知和体验各种声音的美。在学习《乡间的小鹿》时，教师可以引导儿童随着节拍想象歌曲的意境，或者让儿童边走边唱，避免唱歌时儿童的身体处于僵硬状态，发出的声音不自然。教师可通过相关模仿等体态动作教学法，加强儿童掌握唱歌方法，从而有效提升音乐教学质量。

三、以情景动作方式融入体会歌曲的强弱度

唱歌时掌握歌曲的强弱度对于儿童学习音乐来说是一项较难的技巧，一般情况下儿童在唱强度较大的歌曲时是扯着嗓子喊，而唱强度较弱的歌曲时又容易声音发虚。而体态教学中通过让儿童体会其情景，让儿童感受其强弱对比，还可以感受更深层次上情感的对比。

比如，在学习歌曲《大雨和小雨》时，教师可以在活动前用瓶子装好小石头和细沙，儿童在唱"大雨哗啦啦"时可以使劲摇动装有小石头的瓶子，制造出大雨下得哗啦啦的环境，使儿童感受歌词的意境；而在唱"小雨淅沥沥"时，教师轻轻摇动装细沙的瓶子，让儿童觉得身处在稀疏小雨的环境中。另外，儿童还可以通过自己摇动瓶子的动作加深感受和记忆，从而理解歌曲强弱程度的差别。

在学习大调音阶模式时，学习上行音阶时可以使用大三和弦的伴奏，并且逐渐增加其力度，教师这时候可以提示儿童想象着正在登山，当结束时可以引导儿童想象着已经爬到了山顶，还看到了日出；学习下行音阶时可以使用小和弦以及变化的和弦伴奏，将柔美温婉的环境表达出来，引导儿童想象着太阳下山，并且月亮升起来了，四周的环境很静谧。因此，儿童在模仿歌唱音阶的上、下行时，就可以自然地唱出音色，表达出自身的情感。教师可通过情景动作融入等体态动作教学法，加强儿童理解歌曲的强弱度，从而达到提升歌唱教学质量的目的。

第二节　情感体验式学习实施策略

幼儿教育专家陈鹤琴先生说过："音乐是幼儿生活的灵魂。"幼儿对音乐有一种本能的反应，其丰富的音响、鲜明的节奏、美妙的音乐特别容易使他们的情绪愉悦。音乐旋律中声调的高低、节奏的平稳、情感的高亢或低沉对幼儿感官有一种强烈的刺激作用，可以使其体验快乐、启迪智慧、陶冶情操。音乐作为一种最具表现力的情感载体，集旋律、声调、节奏等多种元素为一体，将美好的情感诉诸声音，在熏陶渐染间悄悄地拨动幼儿的心弦，使他们产生强烈的情感共鸣，并获得不同的体验。这些体验将对他们的人生产生长远的影响。因此，可以说音乐教育对幼儿形成深刻的情感体验有着其他教育无可替代的作用。

一、教师要用自身的情感体验去熏陶感染幼儿

教师丰富的情感体验对幼儿有着极大的感染力，这意味着教师不仅具有生动的口头语言，还应该具有丰富的体态语言。教师在进行音乐活动时，应随着曲调的变化传达不同的情感体验。嬉笑怒骂，悲欢离合，尽在教师丰富的体态语言中。特别在幼儿音乐欣赏教学活动中，教师的引导对幼儿体验音乐的情感有着非比寻常的作用。

二、营造和谐、轻松的音乐活动氛围鼓励幼儿积极的情感体验

教师在活动过程中的一举一动都影响着幼儿的情感。每个幼儿都希望受到教师的关注，在尝试新的音乐活动时，希望受到教师的表扬、鼓励；在害怕时，希望得到教师的安慰；遭遇失败时，希望教师能抱一抱或者牵牵手；急于表达时，希望教师能给予机会。因此，教师必须创设宽松、和谐、自由、充满爱的氛围，对尝试动作表演的幼儿点点头，对遭遇失败不会做动作的幼儿笑一笑，摸摸幼儿的头，牵牵他们的小手，说一句"慢慢来，你一定能学会的"。这些看起来微不足道的小动作，对于教师来说是举手之劳，但对于幼儿来说却极其重要，这不仅会增加他们参与动作学习的自信，增强他们对教师的依恋之情，也大大地提升了他们探索动作的欲望。在这种安全依恋的情感下教师创设良好的音乐情境更能促使幼儿对音乐产生浓厚的兴趣，才能使他们愿意去学习，去感知，去掌握，去体验。这种自发的兴趣促进幼儿积极的情感体验，激发他们的智慧潜能，让他们走进更高层次的情感体验。

三、选择恰当的载体，激发幼儿有感情地参与音乐活动

幼儿音乐教育不是传授音乐知识，而是培养幼儿参与音乐的愉快情感和良好的审美体

验。所以,使用的教材、传授的内容、教授的方式都应该符合幼儿的年龄段和心理特点,要体现出趣味性、动作性和艺术性的特点。为此,一定要选择符合幼儿心理发展特点的歌曲,加深幼儿的情感体验。幼儿的逻辑思维能力差、自制力差、注意力差,因此选择的音乐应该具有对比性和情节性,让他们在情感体验中感知美好与丑陋、善良与自私、勇敢与懦弱、勤劳与懒惰等人性,从而激发他们的喜怒哀乐,以此感知音乐中的艺术美。

第三节　情境体验式学习实施策略

音乐是一门极富情感的艺术,学习这种艺术需要有一个与之相匹配的环境和氛围,让幼儿在环境中体验音乐的韵味,这样能帮助他们快速进入情境,将自己对音乐的理解更好地表达出来。例如,在教唱《小树叶找妈妈》这首歌曲时,教师可以先让幼儿去教室外,然后自己对教室进行布置,在教室中间布置一棵"大树",周围摆放一些"花草",并且播放《小树叶找妈妈》这首音乐。之后,教师可以对教室外的幼儿说:"小树叶们玩累了吗?如果玩累了就快点回家休息吧!"幼儿肯定会觉得奇怪,为什么教师称呼自己为"小树叶"呢?当他们走进教室就会发现教室变成了一个树叶之家。这时候,很多幼儿会本能地扬起手臂做出回归妈妈怀抱的动作,伴随着优雅的音乐,幼儿仿佛真的是一群小树叶。在这样的情境中,幼儿不仅感知了音乐,还进入了小树叶的角色,也就是一种学习的自然状态,在这种状态下他们对音乐的感知自然会大大增强,这也为后期的学习打下了基础。由此可见,运用情境体验教学能够增加学习的趣味性,将幼儿的认知与情感相结合,让灌输式的教学变为感悟式教学,变说教为体验,加深幼儿对音乐作品的感知与理解,感受情境体验式活动的乐趣,达到对幼儿进行美育教育的功效。

第四节　多感官参与体验式学习实施策略

一、积累经验,调动音乐储备

无论什么样的学习,往往都是建立在幼儿的前经验基础上的,幼儿在学习新知识之前就要具备与新知识有关的前经验。音乐教学也不例外,它也需要以幼儿的音乐前经验为基础。但是许多教师在音乐教学时却没有意识到这一点,总认为每一首歌曲都是以个体存在的,它们之间是没有必然联系的。这种思想是错误的,音乐教学也要遵循由浅入深、由易到难的原则,教材前面的内容就是后面学习的基础。音乐教学就要激发幼儿的音乐前经验,让幼儿的音乐前经验为更好地学习新的音乐知识保驾护航。这样一来,幼儿所习得的音乐才能更好地融为一体。而幼儿在学习新音乐的过程中，有了音乐前经验作为基础，也可以更好地调动他们的各种感官参与进来，让他们的音乐储备得到更好的激活。这也就是说，有了不同的音乐经验，幼儿所获取的音乐知识与技能是不一样的，他们的音乐素养发展的程度也是不一样的，他们探索的音乐层次也是不一样的。幼儿如果学会在音乐经验的基础上学习音乐，那么他们的音乐素养的发展也将是最优化的。

二、营造氛围，激活感官反应

要想让幼儿的音乐学习可以更好地进行，就要让幼儿有一种还未学习先动情的感受，让幼儿对所学内容产生一种向往之情，以激活幼儿的音乐反应，让幼儿以更好的状态投入音乐学习。在营造氛围的过程中，教师可以利用多媒体技术，通过视听引发幼儿的共鸣，也可以通过故事或者活动把幼儿带入音乐情境中。比如，在教学《溜冰圆舞曲》时，首先让幼儿观看一个视频，那就是运动员在滑冰时是如何在冰面上溜过的，并让幼儿在观看视频的过程中说一说运动员是如何在冰面上溜出一道道漂亮的线条的，交流这些线条是由哪些动作组合起来的，最后让幼儿模仿溜冰的动作。这样一来，幼儿在还没有进行学习之前就对这些动作产生了浓厚的兴趣，激活了幼儿的音乐反应，纷纷模仿视频中运动员的动作，兴趣一下子提高了许多。在学习过程中，幼儿就会把这些情感带到音乐学习过程中。

三、听觉体验，音乐教学基础

音乐是一门纯粹的听觉艺术，聆听是学习音乐作品最直接的方式。音乐节奏的快慢、旋律是否好听，以及所要表达的情感，没有听觉就无法完成对音乐的整体感知，何谈对音乐的欣赏。因此，对音乐的欣赏主要有三个阶段，分别是感官的欣赏、感情的欣赏、理智的欣赏。而听觉体验就属于第一个阶段的欣赏，这是任何有听觉的人都可以达到的。在学前阶段，教师让幼儿感受音乐的方式就是聆听，在聆听的过程中增强幼儿的音乐感受，为今后的演唱、演奏等艺术实践奠定良好的基础，也能够让幼儿在聆听中充分感受音乐、享受音乐审美的愉悦，理解音乐作品的感性特征及表达的情感，从而体会音乐作品的精神内涵，有助于幼儿提升音乐表现能力和创编能力。聆听音乐的过程，也是感受、鉴赏音乐的过程，音乐的魅力能够感染并激发幼儿的学习兴趣，发展聆听音乐的能力。

四、视觉体验，音乐教学途径

随着科技水平的不断提升，多媒体设备广泛地运用在各科教学中，为教学提供了便利。在现代教学环境的背景下，单纯的聆听已无法满足幼儿的需求，配合视觉欣赏是一种有效途径。教师在音乐教学中引入视觉体验，更容易吸引幼儿的注意力，让幼儿对音乐作品的印象更加深刻，能够对音乐作品的感受更直接，对音乐的兴趣会大大提高。学前阶段的幼儿心智尚未成熟，对外部事物主要来自直接、感性的视觉印象，因此在音乐教学中引入视觉体验是必要手段。

总之，音乐教学要让幼儿的多种感官都调动起来，让幼儿通过各种感官的参与来丰富他们对音乐的体验，提高幼儿学习音乐的兴趣和音乐体验能力。这样一来，不仅让音乐教学可以更高效地进行，还让音乐教学得到了更好的回归。

第七章 学前儿童音乐教育对幼儿音乐能力培养的实施策略

第一节 学前儿童音乐感受能力的培养策略

对儿童在学前教育时期进行专业系统的培养是非常重要的，这个时期是儿童形成良好学习习惯的重要阶段，也是帮助儿童找到兴趣爱好的开始阶段。儿童时期的音乐教育可以让儿童身体各个方面的感知更加灵敏，会使表达能力和独立思考能力得到很好的锻炼。通过音乐的方式让儿童对于声音和情感进行理解和感受，从而提升认知力和感受力。音乐主要的表现形式是通过声音的方式来传递情感，以音符和音律作为文字和语言进行交流，根据音乐的节奏和韵律进行鉴赏和理解。音乐是个抽象而概念性的事物，但加入儿童的独特理解和解读，就会使音乐富有生命力，用心就可以感受到音乐向我们传递的情感和力量。所以，在对学前儿童进行音乐讲授时，更需要关注的是感受力和理解力。因此，在学前儿童的早期音乐教育中，如何让儿童在音乐中培养对事物的认知力和感受力就变得尤为重要。对于这一问题的解决，需要幼师做到以下几点：

一、加强教师对儿童音乐感受力的了解，提高教师对培养儿童音乐感受力重要性的认识

在对儿童的音乐感受力进行培养时，一定要注意提高自身的创造性和思维性。由于幼儿园的孩子年龄尚小，无法进行自我管理和自我把控，因此对教师有很高的要求。教师需要在教导儿童之前，先提升自身的能力，然后将知识和技能传授给儿童。教师需要掌握的不仅是知识，更多的是先进思想和科学方法。教师一定要对音乐有正确的认识，认识到教授音乐时培养音乐感受力才是目的，这样有利于提升儿童的独自创造力和即兴表演的反应能力。教师在组织音乐活动的过程中也需要注意，不能只对音乐的表面意思和节奏进行粗略的讲解或做简单的示范，还需要让儿童投身于音乐本身，引导儿童去感受音乐，在音乐中发现自己独到的见解，充分发挥儿童的想象力，用多角度去看待问题。在课堂上循序渐进地帮助儿童形成良好的音乐感受力，不能急于求成。对音乐的感受力是日积月累的过程，不是一蹴而就的事情，需要教师和儿童都有足够的耐心和毅力去掌握这门艺术。

二、教师应选择音乐节奏鲜明、表现力强的音乐材料，以激发儿童的音乐感受力

由于儿童年龄尚小，心智尚未成熟，很容易被鲜明的色彩或者有趣的声音所吸引，因此教师在选择音乐题材时，应该多选择音乐节奏鲜明、歌词有趣的内容来供儿童品鉴。由于音乐是通过声音的方式来传递信息和情感的，因此在选择对儿童进行教育的题材时，一定要寻找可以刺激儿童听觉的资料。构成音乐的要素有很多，如歌词、节奏、旋律、节拍等。从这些因素方面入手，寻找具有鲜明特色的音乐材料来进行讲授，从而使儿童可以全身心地投入音乐中，增强对音乐材料的认知力和感受力。比如，朗朗上口的儿歌给我们留下深刻的印象，原因在于这些题材都采用简单的歌词和令人记忆犹新的旋律，所描绘的事物和景象也都是儿童熟悉的生活元素，令儿童对歌中的内容容易理解。通俗易懂的歌词内容和节奏感很强的旋律，都会使儿童乐于去学习音乐。儿歌通过生动形象、欢快轻松的表达方式来提升儿童对音乐的感受力。

三、教师应通过导入环节给予儿童足够的经验铺垫，以促进儿童音乐感受力的发展

学前儿童的音乐内容除了日常生活中常见的元素之外，还有一部分音乐内容是儿童接触较少的领域。这部分音乐带来的未知性会导致儿童对于这部分音乐没有那么喜爱，无法对抽象的音乐产生自己独到的理解与感受，那么就需要教师采取特殊的教学方式，让儿童对这部分音乐提起兴趣，因此要想让儿童更好地掌握这部分音乐的学习，就需要教师在正式课程开始之前为这部分未知的内容做好铺垫，同时要告诉儿童注重对生活经验的积累。儿童对自己不了解的音乐不会产生太大的兴趣，但是通过教师的讲解，将不熟悉的知识变成生活中常见的例子，儿童就会对于这部分音乐有简单的了解，并且产生想深入学习的愿望。这种导入式的教学模式有利于儿童学习新的音乐种类，从而使音乐感受力得到多方面的发展。

这种导入式的音乐教学方式，会对儿童学习音乐带来显著的效果，但是由于课前的经验铺垫会占用一部分讲授新内容的时间，因此有些教师在具体落实教学内容的过程中会忽略这一环节。为了使课程按照正常的进度进行，所以没有将经验导入加入自己的教学过程，导致儿童在学习这部分音乐时，产生不了解、不理解的情绪，从而对这部分音乐的学习失去兴趣。对于音乐活动前经验铺垫的这一环节，在整个教学过程中是非常有必要的。只有让儿童了解到自己所要学习的音乐内容，吸引到儿童的注意力，才可以令儿童更好地投入音乐学习的过程中。如果只是一味地追求教学效率，而忽视儿童的学习感受，会导致儿童无法很好地提升自身的音乐感知力和独立创作能力。在对儿童进行教学的过程中，最重要

的就是激起儿童的学习兴趣，然后让儿童可以理解和感受音乐所要传递的信息与情感，从而促进儿童身心的全面发展。

四、教师应关注儿童个性，以更好地发展儿童的音乐感受力

儿童具有较为丰富的想象力和创造力，教师在对儿童进行培养与教育的时候应该着重关注儿童的内在想法，不要用教育方法中的条条框框对儿童的想象力和创造力进行限制，多关注儿童的心理变化和学习动向，在集体音乐教学中，如果儿童不按照教师的要求去做，应该第一时间去与儿童进行良性的交流，询问儿童这样做的想法，并权衡是否合理，不要对儿童的想法和做法全盘否定，更不要对儿童进行严厉的指责和训斥，对儿童的教育不能按照对待成年人的方式，要注重保护儿童的想象力及其自尊心，以朋友的形式和儿童相处，多与儿童进行交流和沟通，让儿童愿意将自己的真实想法表露出来。教师应给予儿童更多的表现和发挥的空间，提高儿童在活动中的参与性，让儿童可以用更加轻松愉快的心情去感受音乐所要传递的信息和情感。

第二节　学前儿童音乐理解能力的培养策略

一、利用音乐背景知识引导儿童理解音乐要素的能力

音乐可以为儿童带来力量，一首优秀的音乐可以使儿童的身心得到愉悦。在对音乐进行欣赏的过程中，儿童会对音乐产生浓厚的兴趣。一旦儿童的兴致被刺激到，就会吸引他们想更加深入地了解音乐背后的故事。这时就需要教师对音乐教学进行合理的安排和设置，利用巧妙的方式来帮助儿童对音乐的内在价值进行更加深入的理解和感受。教师可以在教学中对音乐创作的背景进行简单的概括，将重心放在和儿童一起赏析音乐的内容上；通过赏析多种类型的音乐，对比它们的共同点和差异点；将自己掌握的音乐知识灵活地运用于各类新的音乐作品的欣赏中，培养儿童独立鉴赏音乐的能力；在对音乐进行学习的过程中，应该让儿童了解到音乐中的各个要素并分析音乐整体结构；让儿童通过独立鉴赏音乐的方式，对音乐本身产生独到的见解，并且通过创作音乐的背景对音乐学习中的各个要素进行更加深入的研究。教师在组织与欣赏音乐活动的过程中要注意组织活动的重要性，通过师幼互动和幼幼互动的方式让儿童对音乐有更加真实的接触，令儿童在学习音乐的过程中放松自己的身心，提升自身的音乐感受力。

二、引导儿童开展想象，激发儿童的感知理解能力

教师在与儿童一同欣赏完音乐以后，需要引导儿童充分发挥想象力和创造力，并对音乐内容进行详细的分析和理解。比如，对音乐中所运用到的乐器和旋律进行深入探讨，通过多个角度了解音乐的魅力。这种学习方式有助于培养儿童的音乐感受力和认知力，让儿童可以更好地了解音乐作品所要表达的情感，通过对音乐的内容进行感知也可以提升儿童区分音乐作品好坏的能力。儿童在儿童时期，由于年龄较小，对世界的认知尚浅，因此对许多事物都比较好奇，感觉很新鲜。教师要针对儿童的这一心理特征来对其进行培养，可以通过色彩鲜艳、声音多样的多媒体方式来激发儿童感知音乐的欲望，让儿童可以通过有趣、丰富的方式感受音乐的美。除了专门的音乐教学活动以外，教师还需要布置任务让家长陪同儿童去聆听、感受著名的音乐作品，提高儿童的音乐审美品质和格调，拓宽儿童的音乐视野。在音乐学习的过程中，教师的主导作用尤为重要，教师要把控好儿童的整个学习节奏，时刻关注儿童的变化，运用合适的教学方式，充分带动儿童参与音乐活动，帮助儿童提升自身对音乐的感受力和认知力，培养儿童透过音乐的表象，了解到更加深刻的情感和教育意义。

三、利用音乐欣赏活动来提升儿童的音乐理解力

儿童在对"音乐"这一学科进行学习的过程中，对于音乐本身的鉴赏是非常有必要的。儿童会通过对音乐的品鉴感受到音乐本身带来的魅力，及其所要表达的情感，对于儿童培养创作能力具有很好的引导作用。儿童对音乐进行欣赏的过程中，可以对音乐中的词曲有更加丰富的认识，并且对音乐所要传递出来的情感形成自己的理解。因此，教师在对培养儿童理解音乐的能力时，一定要注重音乐欣赏的重要性，因为儿童会在音乐欣赏的过程中与音乐作品产生情感共鸣，从而更容易接收到音乐作品要向我们传递的信息与能量，进而促使儿童喜欢参与、愿意参与音乐活动并体验感知、理解音乐的乐趣。在对音乐作品进行欣赏的过程中，选取适当的音乐题材非常重要，这就要求教师在活动开始之前做好充分的准备。做好物质材料准备的同时选择适合儿童认知年龄特点和需求的音乐作品，并将选出的不同版本的音乐作品通过压缩、节选片段让儿童去欣赏，并通过多方面的辅助材料帮助儿童表达对音乐作品的理解，形成自己独到的见解。教师在帮助儿童学习音乐的过程中，可以在活动中增添趣味性的内容，利用多媒体等现代化的设施将音乐欣赏变得更加丰富、有趣，使儿童更加积极主动地投入音乐欣赏活动的学习中，并潜移默化地提升对音乐的感知和理解力。

第三节 学前儿童音乐表现能力的培养策略

一、设计趣味性强的教学环节

学前儿童喜欢探索身边的事物，对世界充满好奇，教师要合理利用儿童的这种心理特征选择趣味性强的音乐内容进行教学。儿童能理解并感兴趣的音乐才能真正进入他们的视野和心灵。教师要设计有趣的教学环节帮助儿童感受和理解音乐作品。只有将音乐作品中的生活元素和趣味元素与儿童的认识世界连接起来，帮助幼儿融入音乐、理解音乐，才能让儿童产生自发的表现欲望。

音乐带给我们的不仅是听觉上的享受，更是对内在内容的理解。比如一些儿歌会通过音乐的方式让儿童了解到事物变化的过程，运用简单的旋律和歌词教会儿童生活知识。学习歌曲是通过趣味性的方式来对知识进行吸收，还可以通过播放音乐视频的方式将音乐通过看的方式传递给儿童。通过边聆听歌曲旋律，边观看动画的形式，让儿童直接感受到歌词的含义，激发儿童对事物成长的喜悦情感，并在音乐中得到人生启示。教师通过在教学活动中教授儿童一系列丰富有趣的歌曲，会让儿童对音乐产生更加浓厚的兴趣，从而促使其对音乐的内在价值进行深入学习的欲望。当儿童被音乐的内容所吸引时，就会不自觉地用歌声、肢体动作和舞蹈的方式来表达。因此，在学习音乐的过程中，不仅可以提升儿童的歌唱及表达能力，也可以使儿童的肢体运动和思维能力得到锻炼，同时也会提升其对音乐的表现欲望和能力。

二、选择贴近儿童生活的音乐素材

由于儿童在幼年时期所接触到的事物有限，且会对未知事物产生好奇心。因此，在选取音乐素材时，一定要选取贴近儿童生活，并且是儿童乐于接受的、容易理解的，他们熟悉的题材。这部分素材可以让儿童更快、更积极主动地投身于音乐学习中，并且在学习的过程中发现音乐的乐趣。

儿童在幼年时期通常都会对动画片及儿童视频特别感兴趣，因此一些耳熟能详的动画主题曲就会被儿童所歌唱，并且熟练记忆。产生这种现象的主要原因是儿童会被动画片中有趣的剧情和贴近生活的情节所吸引，并且歌词会与剧情有相应的联系，因此儿童会对动画片的主题曲记忆犹新。教师在对儿童进行音乐教育时，可以动画片主题曲为切入点，在活动中组织儿童讨论自己喜欢的动画片，并且将动画片中的歌曲哼唱或模仿唱给其他儿童听。面对儿童的兴趣点及需求，教师可以生成新一届的歌唱活动。这种类型的教学活动会激起儿童的兴趣，促使儿童乐意参与到学习中。这就会使儿童在歌唱的过程中毫无压力，轻松愉快地学习演唱歌曲的同时会联想到动画片中的场景，并且会自然而然地用肢体动作、节奏动作和语言来表达和表现歌词内容。

三、给予儿童平等的表现机会

我国现在的音乐教育的主要理念是让每一个儿童都可以享有平等的表现机会。儿童在学习音乐的过程中都可以平等地享受音乐所带来的愉悦，并且通过自己对音乐的理解和感知，将音乐所传递的思想表现出来。许多著名音乐学者认为，每个儿童都对音乐的学习有着天生的优势，区别就在于教师和家长对每个儿童音乐能力的开发程度是不同的。

经过音乐家及其相关人员不断地试验最后得出结论，每个幼儿对音乐都会有不同程度的理解，并且幼儿对于音乐的感受力要高于成年人。因此，教师在儿童幼年时期一定要注重为幼儿创造参与和表现音乐的平台，公平、平等地培养幼儿在这方面的能力。教师在音乐活动中要多创造一些让幼儿表演、表现及其独立创作的时间和机会，对于幼儿新奇的创作，积极地询问其表现与创作灵感，并且认真聆听儿童对于自己表现与创作的想法，给予儿童肯定及鼓励。我们坚信每一个儿童在表现音乐方面都会有自己独到的见解和与众不同的方式，只要认真、公平地对待每一个儿童对音乐的表现，那一次又一次的音乐活动就能促进儿童在音乐表现能力方面的发展。

四、编排多样的表演激发儿童的表现愿望

音乐的学习是声音与肢体动作的完美结合。学习音乐不能单凭听觉上的欣赏与语言上的表达，更重要的是根据音乐所传递出来的情感通过肢体动作表现出来。这种方式的音乐学习是最自然、最能表现出音乐魅力的方式。学习音乐的重点在于表现力，这种表现力可以体现在多种多样的方式中，比如用歌声、用动作、用打击乐器、用音乐游戏等方式可以表现对某一个音乐活动的理解和感受。综合许多因素在一起，才可以让音乐表达出来的情感让人们更容易接受，并且产生情感共鸣。

比如，可以让儿童在音乐角、表演区、小舞台等区角活动中演绎音乐的情景，可以让儿童穿上音乐中所描绘的服饰、配上相应的物件，教师为儿童布置音乐中所营造出来的氛围和场景，让儿童在表演的过程中感受到音乐所带给他们的真实感。并且在对民族音乐进行学习的过程中，可以带着儿童先对这个民族的风俗习惯进行一个简单的了解，并且对歌曲中所描绘的场景进行讲解和探讨。具有民族特色的音乐，可以搭配上民族的舞蹈，这样更容易让儿童对于音乐所表现出来的情感形成共识。上述所描述的这种学习方式，是利用儿童沉浸于音乐场景中的方式，来提高儿童进行音乐学习的参与度，促进儿童对于音乐的感知力和理解力。

对于音乐的欣赏分为很多种，有些音乐适合安静地对其进行欣赏，有些音乐是留给我们较为丰富的表演空间，可以在表演、表现音乐片段的过程中将音乐所表达出来的情感诠释得更加完美。在参与易于用多种手段表现和表演的音乐活动时，教师要注重在活动前带领幼儿对于故事中的情节及主要的人物性格进行简单了解，通过让儿童扮演不同的角色，牢记自己的人物性格，并且通过故事情节的方式将音乐要传递的情感表达出来。在表演过程中，可以为儿童佩戴上相符合的服饰，使表演在视觉上可以有更加丰富的欣赏效果。这样既可以增强儿童对于音乐学习的参与感，也可以使儿童对于这部分音乐的理解有较为深刻的印象，同时通过在活动前、活动中和活动后都可以为幼儿制定不同的目标和创设多种环境，让幼儿在参与中、玩耍中体验表演和表现音乐的乐趣。

第四节　学前儿童音乐创造能力的培养策略

儿童在幼年时期，对于音乐的学习应该是一种情感的接收，以及音乐的创造。儿童通过对音乐的理解接收到音乐所要向我们传递的感情，并且在对音乐有独到的理解后，形成音乐创作的能力。儿童应用轻松愉悦的心情感受和理解音乐。教师在组织音乐活动时，不应该将音乐教学的重心放在"教"上面，而是应该留给儿童更多的创造空间，让儿童可以充分发挥自己的想象力，创造出具有儿童特征的音乐。在当今的音乐教学中，存在着许多弊端。比如，教师与学校不重视儿童在幼年时期对于音乐的学习，认为音乐活动中带着儿童一起唱儿歌或模仿教师的跳舞动作就可以了。但是这种机械系统的学习，恰恰是扼杀儿童对于音乐创造力的最主要因素。在对儿童进行音乐教育时，最应该注重的是如何才能让儿童有更多的发挥空间，创造出属于自己的音乐，而不是在这一阶段对已经成型的音乐和舞蹈进行模仿。

所以，如何提升儿童在幼年时期的创造力，成为现代音乐教育最需要解决的问题。解决方案如下：

一、营建创造氛围

儿童在幼年时期的教育范围主要是在幼儿园进行活动。在这样一个集体环境中，要想发现每个儿童独特的音乐天赋是很难的，就需要对教师提出更多的要求。比如要求教师应对每个儿童都有针对性的了解，并且为每个儿童提供不同的教学方式。

曾有教育学者提出："在民主的前提下，更能发挥儿童的创造力"。在对儿童的音乐教育进行学习的过程中，应该先找到儿童的兴趣点，针对儿童好奇及其感兴趣的方面来入手，引导儿童积极主动地参与到音乐教学中，使其在学习过程中产生愉悦轻松的心情。只有让儿童在学习过程中感受到快乐，才会激起他们主动探索的想法。创造力都是在儿童感兴趣，并且愿意去探索的过程中形成。因此，要想开发儿童的创造力，就要给予儿童更多发挥及表现的空间，让儿童可以把自己的想法充分地表现出来，教师需要做的则是细心聆听儿童讲述，并且对儿童提出的想法进行鼓励和嘉奖。

二、激发创造激情

儿童相较于成年人虽然具有较为丰富的想象力，但由于年龄尚小，对于世界的认知尚浅，没有丰富的生活阅历以及知识储备，就会在表达、表现的过程中显得较为青涩与不熟练，创作出来的音乐作品会让人难以理解。这时就需要教师在儿童创作开始前，对其进行正确引导和传授经验的帮助，并且在儿童创作之后，细心聆听儿童的创作灵感及其创作过程。教师在音乐活动的过程中，也要注意自己的言语一定要有感染力、影响力，并且要充满激情。在教师的感染和影响下，儿童自然而然就会模仿教师对音乐的表现和创造，慢慢地儿童也就会用自己的方式表现和创造音乐。儿童的音乐世界是丰富多彩的，只要在每一次的音乐活动中注重对儿童音乐创造能力的培养，并激发儿童的创造激情，每个幼儿都是创造天才。

为了使儿童的想象力得到充分的发挥，教师在设计活动方案时，应该留给儿童更多互动表现的机会。教师在活动过程中不做过多的限制，让儿童对活动内容及活动方式可以自主地进行设计和准备，留给儿童充分的创造空间，也可以使儿童的思维更加活跃、创造欲望更加强烈、创造激情得以升华、创造能力得以提升，并且能使儿童在创造的过程中体会到音乐的快乐，享受音乐的美。

三、提供创造机会

陶行知先生指出："时时是创造之时，处处是创造之地，人人是创造之人。"每个儿童都有创造的潜能，几乎所有的儿童在音乐活动中都有新的不同于同伴的动作，当儿童在自由创编动作时出现创造性要及时给予表扬，并请他们上台表演给其他小朋友看。教师的积极鼓励会使儿童的自尊心得到保护，并且大幅度提升儿童的自信心，使儿童更加大胆地发挥自己的想象力去创造。

儿童在幼年时期的学习方式，需要简单且有记忆点。歌唱与舞蹈相互配合，就会使儿童对于音乐的学习变得更加简单，而且这种教学模式会使儿童感到非常轻松愉快，愿意积极参与到学习的过程中。儿童进行表演的过程中，需要注意小朋友之间的互动，通过歌曲接唱、对唱、领唱齐唱、轮唱、合唱的方式或者舞蹈动作的呼应来进行有效的互动，这样不仅可以增强小朋友之间的感情，增进他们的交流，而且可以提升他们的人际交往能力和社会适应能力，使儿童在学习音乐的过程中掌握音乐知识、感受歌唱、舞蹈、打击乐及音乐欣赏和音乐游戏的快乐。这些快乐的体验都会增进儿童参与、表现和创造音乐的动力源泉。

我们不能从成年人的角度看待儿童的世界，需要不断地去了解儿童内心的想法，并且尽可能地站在儿童的角度思考和看待问题。成年人看起来非常简单的舞蹈动作或者较为容易记忆的歌词，对于儿童来说都有着不一样的定义。我们看到的只是在描述一个简单的事物，儿童却可以从简单的事物中创造出无限的想象力。如果想知道儿童对音乐是怎样理解的，就需要耐心聆听他们的想法。总之，在儿童幼年时期的音乐教育中，教师应该为儿童提供更多的创造机会和自主发挥的空间，让儿童在音乐王国里尽情地发挥，大胆地想象和愉快地去创造。

四、注重创造评价

现代的学前儿童音乐教学中也非常注重留给儿童充分的想象空间以培养儿童的创造力。让儿童可以自主地发挥想象力去创造出更有趣的音乐，对创造出来的作品仔细地聆听，并与儿童进行沟通。教师应该对儿童的想法提出表扬和鼓励，激起儿童学习音乐的兴趣，鼓励儿童大胆地实现自己的想法。减少对儿童各种活动的限制，可以让儿童在学习音乐的过程中愉悦身心。

首先，教师需要了解儿童对于音乐的独特见解，并且注重儿童在学习音乐过程中的心理变化及情绪的变化和情感的体验。即使是儿童在参与集体活动时，也要让儿童感受到每个个体的力量都是影响集体发挥的重要因素，激励儿童相互协作、默契合作，共同歌唱、快乐舞蹈。以儿童在轻松、愉快的音乐氛围中的独特表现和创造为依据，对儿童进行有针对、科学、具体的评价。

其次，评价中注意儿童的创造力，允许儿童有不一样的答案。在对音乐知识进行学习的过程中，有一些概念性的问题存在绝对的对与错，但是对于一些主观性的问题是不存在绝对的对与错。这时教师不能以自己的标准来评判儿童对音乐的想法，要允许有不同的声音存在。当一部分儿童与大部分儿童的想法不同时，教师需要做的不是对其进行说教，并要求及时改正，而是询问其为何会产生这样的想法，细心聆听儿童的讲述，找到这种想法中的合理性，并对儿童敢于提出不同的观点进行鼓励。只有对儿童进行认可，儿童才会更加大胆地去创造属于自己的音乐作品，促进儿童的身心得到全方位的发展。每个儿童对于音乐都有着自己独特的天赋，作为教师应给予儿童更多的音乐想象空间，让他们可以运用自己的想象力创造出这个世界上最美丽的音乐。

纵观整个音乐教育的发展历程，我们就会发现每个儿童在对音乐进行理解与创作的过程中，都会创造出不同于成年人的作品。儿童所创造出来的音乐作品具有不一样的特征，反映的是儿童内心干净、纯洁的世界，也是对事物原本面貌的理解。当今的学前儿童音乐教育不仅要培养儿童对音乐的感知力、理解力，同时也非常重视培养儿童对音乐的表现和创造能力。因此，学前儿童音乐教育专家、学者和教师在音乐教学活动中，注重培养儿童的音乐审美能力的同时要运用多种手段和方式、方法，给儿童创设出更多表现和发挥的机会，让儿童在音乐互动中发展其自主创作与独立思考的能力，为儿童在德、智、体、美、劳及身心全面发展中打下良好的基础。

第八章 学前儿童音乐教育其他方面的实施策略

第一节 线上线下混合式实施策略

新时期，我国的幼儿园进入了不断创新教学模式的新阶段。线上线下混合式教学模式能够激发幼儿的学习兴趣，全面提升幼儿学习的主动性。深入研究和分析线上教学资源和线下课堂实践相结合的教学模式，有助于改善幼儿园线上线下混合教学模式的效果，以多媒体网络教学模式为载体，有效增强幼儿园线上线下混合式教学的实效性。

一、线上线下混合式教学的基本内容

混合式课程建设的内容包括网络平台、教学环节需要以及辅导环境等，所以选择合适的教学平台、发布适当的教学内容是混合式教学的重要内容。线上线下混合式教学模式不仅能实现师生互动，还拥有线上海量的学习资源、快捷的互动方式等优势，能够充分发挥幼儿的主观能动性，并且体现教师的引导监管作用。目前，混合式教学已经成为教育模式的发展趋势。在现如今"互联网＋"的时代背景下，科学技术逐渐渗透到教育当中，而混合式教学模式就是将线下传统的教学优势和线上教学优势有机结合在一起，这样既能够充分发挥幼儿的主观能动性，又可以让教师起到引导、监管的作用。混合式教学模式使幼儿的学习方式发生了改变，教师的教学环境、模式同样也发生了变化，其最终目的都是达到最好的上课效果。

当前，为了创新学前教育教学模式，幼儿园必须以信息化建设为载体，整合线上的学前教育资源和线下的教学活动，构建线上线下混合式教学模式。教师在教学中应该科学、合理地利用互联网技术和移动终端，营造良好的学习氛围，激发幼儿的学习积极性，促使幼儿积极参与教师组织的线上学习和线下活动，发挥线上教学和线下教学各自的优势，使线上教学和线下教学相得益彰，产生一加一大于二的效果。

二、目前我国幼儿教育活动组织所存在的问题

（一）缺少专业的幼儿教师

部分幼儿园教师对教学要求并不熟悉，他们甚至没有参加过教学课程的培训活动，仅有少部分教师能够准确掌握教育活动的内容，而大部分教师只能给出较为模糊的解释，他们自身对于活动内容并不了解，所以很难在组织幼儿参与活动时做出详细的策划。

（二）教育活动主题缺少层次

幼儿教育活动通常采用串联的形式将知识联系在一起，这样在实施的过程中缺少一定的层次感，不能在整个幼儿园不同年龄阶段的班级之间形成递进形式，从而导致教学活动主题出现间接性中断。

（三）教育活动流于形式

教师在设计幼儿园教育活动主题时，并没有将整体的教学内容作为设计基础，导致活动方案在实际实施的过程中无法将各个年级的教学统一起来。甚至有部分教师为了尽快完成教学主题活动，将无关的内容强加到教学活动当中，这样直接使教育活动充满多余环节，从而使整个教学活动进入散漫的状态。幼儿在这样的教育活动氛围下，不仅学不到相关知识，还直接影响到他们的自主学习能力。

三、线上线下混合式课程建设的实施策略

（一）利用先进的技术手段

科学合理地利用先进的技术手段，并结合全新的教学理念，不断探索线上教学和线下教学相结合的教学模式。一方面要搭建线上学习平台，组织线上活动；另一方面将传统的课堂内容进行拆分和细化，制作成不同的小视频，穿插到线下活动中。因此，幼儿教师必须掌握一定的信息技术，能够顺利组织线上活动，认真总结分析幼儿参与线上学习的情况，再在线下教学中有的放矢地解决问题。

（二）注意幼儿的实际基础

幼儿教师要根据幼儿的实际基础，为幼儿设计易于参与的线上活动和线下活动，调动幼儿学习的积极性、自觉性、主动性，激发他们的学习兴趣，引导他们踊跃地参与到活动中。教师必须精心挑选资源，为不同个性的幼儿设计不同的活动目标，保证幼儿与教师之间能够进行良好的交流与互动。幼儿可以参与线上的互动活动，也可以参与线下面对面的活动，有效提升幼儿园线上线下混合式教学的效率。

（三）创新教学模式

教师通过创新线上线下混合教学模式的教学方法，利用移动终端、手机 APP、互联网等现代化信息技术和设备，结合线下活动，有效地丰富幼儿的活动体验。教师应根据学前教育新理论，创设幼儿容易理解和参与的活动形式，不断促进幼儿园学前教育模式与网络教育系统平台相结合，创新幼儿园开展活动的模式。教师应该精心创设幼儿线上活动的评价环节，针对幼儿参与互动活动的积极表现，采用灵活多样的评价方法，如可以采用奖励的方法在线上对表现优秀的幼儿给予小红旗、小红花、优秀表现章等表扬方式，鼓励幼儿积极参与活动。

总之，教师应该根据学前教育的相关理论，妥善利用网络资源，科学合理地将线上活动和线下活动相结合，针对不同个性、不同基础的幼儿创设不同的活动，尽量让每个幼儿都能参与到这些活动中，并及时给予积极的评价，提升幼儿参与活动的兴趣，激发他们的积极性，让他们在线上和线下活动中感受到快乐，获得成就感，形成良好的性格，乐于与教师和同学互动。

第二节　理实一体式实施策略

一、音乐教学活动中培养幼儿形成一体化意识

在幼儿音乐教学中实现理实一体化教学的第一步是帮助教师形成相关的理实一体化意识。无论在进行歌唱活动的教学还是音乐欣赏活动的教学时，教师都不能忽略为幼儿创设感知与理解、表现与创造的实践环节和机会，激发幼儿主动参与、积极感知、愉快体验、尽情表现、大胆创造的意识、并且通过实践体验，让幼儿在不知不觉中学习简单的音乐知识，掌握相应的音乐技能、提升相关的音乐能力、受到相关的音乐教育，身心快乐成长。因此，在音乐教育教学活动中一定要为教师创设理实一体的教学氛围，让教师在学习学前儿童音乐教育相关知识的同时，为教师创造更多的时间，让其在实践互动过程中灵活运用理论知识，提升实践能力。但许多教师在模拟教学中仍旧不能将理论很好地和实践结合在一起，如在教唱幼儿歌曲《小雨点》时，许多教师只能使用单一而重复的教学方法对幼儿进行歌曲教唱，不能够合理地将演唱与伴奏、动作、游戏、图谱等教学方式整合在一起进行教学，无法达到综合运用、有机结合的教学效果。因此，教师应多为幼儿提供写教案、模拟讲课、模拟评课的机会，并用学过的评价理论知识对模拟讲课者和模拟幼儿者的实际表现进行评价，起到改进和提升教学效果的作用。同时，教师可以小组的形式进行研讨，再次修改教学方案，在幼儿掌握简单的歌唱知识的同时通过实践让其获得更多的情绪情感

体验，并在润物细无声的歌唱参与中掌握相应的技能，获得一定的教育影响。这种理实一体化的教学能使幼儿在轻松愉悦的教学氛围中体验音乐活动的乐趣，激发对音乐活动的兴趣。同时提高幼儿音乐教育活动的实践性和应用性。

二、音乐教学活动中引导幼儿进行一体化学习

在教学中注重体现幼儿园音乐教育课程内容的实际应用，阐明课程在知识体系中的重要地位，激发学生的求知欲和对幼儿音乐教育活动的兴趣点，强调对幼儿园音乐教育活动基本技能以及知识运用能力的培养。通过实践训练，使教师掌握幼儿歌唱活动、韵律活动、打击乐演奏活动、音乐欣赏活动、音乐游戏等类型活动的指导技能，掌握设计与创编幼儿园音乐教育活动的基本方法，初步具备创编各类音乐教育活动的教学能力，在教学中以各类幼儿音乐教育活动内容的设计与指导为重点，运用案例教学法剖析各类音乐活动的特点、音乐教育指导要点以及设计的方法，充分发挥实训室的功能，重视实践环节，突出能力训练。教师在课堂中还应该采用其他形式，例如情境创设法、直观趣味性手段、优秀案例分析、任务驱动法、游戏法、实践观摩学习、课题研讨等方式对幼儿进行理实一体化引导式教学，让教师在音乐学习过程中更好地发现存在的困难和需求，接触到各种各样实际的案例，并且学会应对不同年龄段幼儿音乐教育活动的方式，从而培养幼儿解决实际问题的能力、分析判断事情的能力，帮助幼儿完成从理论到实践的过渡和转化，达到学有所获、学有所用。

第三节　家园共育式实施策略

一、学前儿童家庭音乐教育的特殊意义

（一）对儿童情绪情感的影响

加德纳认为："音乐的思维过程不同于逻辑思维过程，音乐的节律和紧张度就如一面镜子，会以一种直接的、非语言的和非说明的方式反映出情感的流露。"儿童可以通过对音乐的学习和掌握，将自己内心的情感和所要表达的事情通过音乐的方式传递出来，并且在掌握音乐知识后对事物形成一定的审美能力，事物的美与丑都会在自己心中有一个评判标准。为了培养儿童的音乐审美，家长与教师应当对儿童的音乐活动重视起来。在家庭教育中，家长可以通过为儿童播放优美的背景音乐以及带领儿童一起做音乐游戏，让儿童可以通过生活中的方方面面对音乐进行学习，从而培养自己的音乐兴趣。

（二）对儿童良好个性品质的影响

我国古代伟大的思想家、教育家孔子就提倡"礼乐并重"。这一思想主要是讲，人类

的礼仪可以通过音乐的方式表达出来，并且人们在对音乐进行学习的过程中，也可以在无形中使自己的修养得到提升。音乐对于儿童的人格形成，具有很大的影响作用。对于幼年时期的儿童来讲，参与音乐活动可以使他们的自我表现能力与自我表达能力得到提升。在这一过程中，儿童可以发现自己的音乐兴趣及创作潜力，对促进儿童人格的完善塑造有较大的指导意义。例如，家长给幼儿听儿童歌曲《一分钱》，故事的主要情节是孩童用天真的语气将捡到的一分钱交予警察，简单的剧情故事就足以表现出孩童的天真单纯以及诚实的美好品德。这也可以说儿童通过在音乐活动中对音乐旋律、节奏律动、歌词内容等的感受，体验或模仿音乐表达的各种形象，从而对音乐所描写的内容对象产生兴趣。而这种兴趣趋向是对儿童个性倾向的原始心理指向，会成为儿童个性形成的引发点。

（三）对儿童自我意识的影响

自我意识是个体对自己的认识和态度，包括自我感觉、自我评价、自尊心和自信心等。通过音乐教育的方式也可以看出一个儿童的自我意识是怎样的。如果家长和教师没有办法分辨出儿童是否缺乏自信，可以在家庭环境中做一个实验，将家庭中的成员全部叫到客厅，并且坐在沙发上欣赏儿童的唱歌律动与舞蹈表演。在儿童表演的过程中，给予儿童鼓励和支持，让儿童喜欢上音乐活动，并且不惧怕表演。这样如此反复地练习，可以使儿童的自信心得到增强，在今后的音乐艺术活动中也不再畏惧，获得成功的快乐的同时树立了良好的自尊心与自信心。

（四）对儿童生理健康发展的影响

我国古代名医朱震亨说："乐者，亦为药也。"从出生的那一刻起，每一个儿童就已经表现出以音调和韵律的样式进行思维的直觉倾向。美妙动听音乐的韵律和节奏，符合人们生理的韵律和节奏，健康优美的乐曲能给人以轻松愉快的审美享受，有消除疲劳、调节精神的功效。学前儿童在家庭中要经常接触音乐，家长要创设条件让儿童参与唱歌、跳舞、弹琴、音乐游戏等活动，就可以使身体得到锻炼并促进幼儿生理健康。

二、学前儿童家庭音乐教育中存在的问题

（一）家长过高的期望

我国现代的教育呈现出开始时间过早、学习种类过多的现状。这种现象会导致儿童的压力较大，无法学习自己真正感兴趣的东西。当代家长希望儿童学习多种技能，"音乐"这方面就成为许多家长的目标。家长很容易忽视儿童的兴趣和爱好，只是一味地盲从，给儿童过多的额外任务。家长不去询问儿童的意愿，就擅自做主为儿童报名各种音乐兴趣班，导致儿童在本该无忧无虑的年纪，增添许多音乐学习的压力。

（二）不遵循儿童身心发展规律

当代的家长对于儿童成才的期望过高，导致儿童在较小的年纪就需要承担较大的学业压力，使儿童在学习音乐的过程中没有遵循科学合理的教学步骤，将必要的环节省略，儿童的身心得不到全面的发展。家长在过于追求儿童在学业上成就的同时，完全忽略了儿童自身的感受以及学习音乐最初的愿望是为了培养儿童的审美及兴趣，使儿童在本该无忧无虑的年纪承担了太多的学习压力，导致儿童出现厌学的现象，也会使儿童幼小的心灵受到创伤。一档少儿节目曾经有这样一段广告：小女孩坐在钢琴前演奏曲目，演奏结束后台下的观众纷纷鼓掌，小女孩的母亲要求她再演奏一遍，可是小女孩转过头来已经泪流满面，她不解地问道："我又没弹错，为什么要再弹一遍？"如果这位母亲可以转换自己说话的语气，用鼓励的方式与小女孩进行沟通，那么小女孩就不会哭了。每个儿童的内心都是脆弱的，需要家长和教师对他们幼小的心灵进行爱护与鼓励，才可以让儿童树立起自信心。所以，遵循规律、掌握方法让儿童去感受音乐的美应贯穿于学龄前儿童家庭音乐教育的始终，否则只会让儿童对音乐产生逆反心理。

（三）注重知识目标，轻视情感操作目标

对于儿童在幼年时期学习音乐，家长普遍的态度都认为通过对音乐的学习可以增加孩子的一门特长，从而忽视了孩子在学习音乐的过程中，可以从音乐中得到享受与快乐。这种只注重知识获得却忽视音乐所能传递情感的教育方式，会使儿童在学习音乐的过程中产生负担感，并且无法全身心地去投入音乐且享受音乐带给他们的快乐。

（四）家园合作意识差

在儿童学习音乐的道路上少不了家长与教师的支持。但当代的家长，由于工作压力较大，缺乏对孩子的陪伴，从而在音乐教育方面也往往会出现缺席的状况。但是儿童在学习音乐的过程中，家园合作意识是非常重要的，家长可以通过音乐游戏的方式与孩子建立起亲密的关系。孩子的心智是不成熟的，并且缺少自我管理意识，这就需要在幼年时期有家长在旁督促，才可以使其养成良好的音乐学习习惯。

三、在家园教育的合力下科学开展学前音乐教育

从家园合作意识的角度来看，儿童在未出生时，接触到音乐的方式就是胎教。因此，家长才是儿童学习音乐的第一位老师。但因家庭的音乐教育具有个别性、随机性的特点，所以家园共育科学开展学前儿童音乐教育理应受到家长、教育工作者的高度重视。

（一）家庭音乐教育是幼儿园音乐教育的基础和补充

儿童在家庭中接受来自父母的音乐启蒙教育可以为他们进入幼儿园的音乐教育打下一定的基础。如接受过家庭早期音乐教育的儿童在音乐的节奏感和音高辨别能力上能为以后的音乐学习带来方便。当儿童进入幼儿园接受集体教育以后，家庭仍然肩负着音乐教育责任。

（二）幼儿园通过多种方式教给家长实施音乐教育活动的方法

幼儿园可以通过音乐专题讲座、音乐公开课、家长开放日、家长沙龙、网上资源等活动指导家长正确的音乐教育方法。

1. 优化家庭的音乐环境

家长并不一定要十分精通音乐，但父母如果喜欢音乐，喜欢歌唱、喜欢听儿童唱歌，那么，在洋溢着音乐旋律和轻松愉快气氛的家庭生活环境中，儿童便会在不知不觉中受到家长的感染，不由自主地模仿成年人而逐渐喜爱音乐并愉快地表现音乐。

2. 鼓励幼儿多倾听和欣赏音乐

家长可以从培养儿童的倾听能力着手，和儿童一起倾听周围生活环境和自然界的各种音响，让儿童感受音色各异、节奏丰富多样的声音源泉，有意识地引导儿童倾听。家长可以在儿童在家的时候播放优雅的背景音乐，儿童长时间接触较为高雅的音乐，会使儿童的音乐修养逐渐得到提升，并且使儿童大大提高对于音乐的兴趣。父母还可以在儿童听完音乐之后，将音乐背后的故事生动形象地向儿童讲解，这样就会加深儿童对音乐的理解。

3. 在家庭一日生活中培养和训练儿童的节奏感

儿童处于幼年时期，大部分的时间都是与家长在一起，如果想让儿童在这一时期就掌握一定的音乐基础，那么就需要家长在儿童的日常生活中和儿童一起寻找身边所存在的音乐。比如吃饭时，筷子与碗碟碰撞所发出的声音、家里桌椅搬动发出的声响、屋子外面的汽车和施工发出的声音等，爸爸妈妈还可以带着儿童一起熟悉各种动物的声音，通过对不同声音的把控，来锻炼儿童对音乐的节奏感。

4. 正确对待儿童的乐器学习

在学习音乐时，演唱与跳舞相对容易一些，乐器的演奏相对较难。由于儿童的年龄较小，无法将注意力集中于一件事情上，但是对乐器的学习又需要反复循环地练习，因此可能会让儿童产生厌倦的心理，并且抵触对乐器的学习。那么在培养儿童乐器学习的过程中，家长要调整好自己的心态，用正确的方式来教育儿童，使儿童不会产生厌倦心理。

第四节　德育渗透式实施策略

德育是整个教育的灵魂教育，常言道：十年树木，百年树人。幼儿的道德品质教育是贯穿一生的教育，这一过程任重而道远。作为一名幼儿音乐教育工作者，如何结合幼儿园音乐教育的特点和教学内容，发挥所授课程的优势，把德育贯穿于整个音乐教学中，使幼儿参与音乐活动时，在感受美、欣赏美、表现美、创造美时，在学习掌握音乐技能时，也能受到道德的教育呢？笔者根据多年教学工作经验谈以下四点建议：

一、借助游戏的方式呈现音乐

幼儿教师在实际教学过程中需要重视音乐教学，适当拓展和延伸音乐知识，提高幼儿的艺术修养，同时还需要融入德育教育，采用游戏教学法促使幼儿可以在音乐游戏中更好地成长。音乐游戏可以增加幼儿学习的积极性，激活幼儿的学习欲望。因此，教师在实际教学过程中，需要全面分析各种各样的音乐作品，找到其中隐藏的德育知识，提高幼儿的道德修养。例如，在教学《扮家家》这首歌时，教师可以采用角色扮演的游戏方式，让幼儿扮演不同的角色，而教师需要为幼儿播放《扮家家》作为背景音乐。在此游戏中，幼儿能感受到父母的不易，教师要引导幼儿尊重和体谅自己的父母，为父母做一些力所能及的事情。

二、赏析不同题材的音乐作品

音乐教学可以让幼儿拥有良好的品格，使其从小就具备积极乐观、吃苦耐劳的心态。教师在进行音乐教学时，需要根据幼儿的实际情况，选择不同题材和风格的歌曲，这不仅能拓展幼儿的知识面，还能让多样化的音乐风格带给幼儿不同的体验，幼儿能从中接触到更多的德育知识，进而成为满足社会需求的人才。教师在选择音乐作品时，要尽量选择较为简单，并且广为传唱的歌曲。

例如，教师可以教学《小兔子乖乖》这首歌，不仅需要为幼儿播放这首歌曲，还要为幼儿讲解其中蕴含的道理，增加幼儿的情感认知。这首歌曲就是告诉幼儿一个人在家时，必须要保护好自己，切勿随意给他人开门，尤其是陌生人。教师可以让幼儿将音乐作品中的内容表现出来，这可以大大增加幼儿的参与欲望，还能使其更好地理解和掌握其中蕴含的道理，非常有利于幼儿日后的成长。

如今，市面上有很多儿歌都蕴含着丰富的道理，幼儿教师在教学时就需要合理运用这些儿歌展开教学，使幼儿既能掌握儿歌的演唱技巧，同时还能学习其中蕴含的德育知识，更加健康、快乐地成长。

三、开展有趣的节奏训练

在音乐艺术中，节奏是至关重要的表现手段，同时也是音乐构成的三大要素之一，没有节奏便没有音乐。在日常教学过程中，教师需要灵活运用多种方法，切实增强幼儿的节奏感，同时还要培养幼儿的合作精神。例如，在一些歌谣的朗诵中，教师可以引导幼儿去拍手、踏脚等，同时还可以加入一些乐器、语言节奏等，切实增强幼儿的节奏感。

首先，教师可以采用歌曲欣赏的方式，让幼儿熟悉各种各样的音乐，了解音乐的节奏、风格、性质以及速度等，大致了解整个音乐的布局；其次，教师可以为幼儿提供一些有趣的节奏乐器，让幼儿自行感知音乐节奏。虽然幼儿已经能熟练演唱有些歌曲，但是加上多样化的节奏乐器后，仍能带给幼儿更多的新鲜体验，切实增强幼儿的参与热情。在完成演奏后，教师还可以引导幼儿说说自己的想法，在此次表演中的感悟。有的幼儿说，要想演奏出好听的音乐，就需要大家相互配合。采用这样的方式，可以让幼儿更好地感知音乐，还能增强幼儿的合作意识。

四、创设轻松和谐的音乐环境

音乐本身就具有独特的魅力，可以帮助幼儿更好地成长，实现幼儿各项素养和能力的同步增强。音乐会影响到幼儿日后的发展，还会贯穿到幼儿的整个生活中。教师在实际教学过程中，切勿限制音乐教学的内容及地点，应该进行适当的拓展和延伸，创设出良好、轻松的音乐氛围，并渗透德育教育的内容，借助音乐洗涤幼儿的心灵。例如，在教学《小松鼠》时，教师就需要编写一套简单的舞蹈，幼儿需要一边跳舞一边学习歌曲，使其始终处于良好的氛围之中。之后，教师还需要引导幼儿发现其中隐藏的德育知识，提高课堂教学的有效性。

参考文献

[1] 蔡青青. 学前幼儿教育之"快乐教学"[J]. 东西南北：教育，2020：0130-0130.

[2] 曹冬，张静敏，盖振华，等. 学前儿童音乐教育活动指导 [M]. 北京：中国铁道出版社，2015.

[3] 高杰英. 学前儿童音乐教育与活动指导 [M]. 沈阳：东北大学出版社，2015.

[4] 郭溢洋. 儿童音乐教育的价值与手段的拓展 [D]. 乌鲁木齐：新疆师范大学，2011.

[5] 韩莉娟. 石家庄市学前儿童音乐教育现状调查及对策研究 [D]. 石家庄：河北师范大学，2010.

[6] 虎娜. 学前音乐教育促进幼儿成长的作用探究 [J]. 新一代：理论版，2020：221-221.

[7] 姬会会. 学前音乐教育对幼儿素质培养的作用研究 [J]. 漯河职业技术学院学报，2020：93-95.

[8] 李桂梅. 高师学前教育专业音乐学科教学研究 [M]. 长春：东北师范大学出版社，2017.

[9] 李汶轩. 教师教育课程改革背景下学前儿童音乐教师的培养 [D]. 西安：陕西师范大学，2016.

[10] 林漫. 论学前音乐教育的特殊功能 [D]. 昆明：云南师范大学，2018.

[11] 林舒怡. 幼儿园中班绘本与音乐活动相结合的实践研究 [D]. 上海：上海师范大学，2018.

[12] 刘莉莉. 中国传统音乐文化在学前音乐教育中的传承 [J]. 黄河之声，2020：139-139.

[13] 刘珅. 声学评价机制与儿童音乐天赋研究 [J]. 科教导刊，2020：94-95.

[14] 刘小红. 多元智能理论与学前儿童音乐教育的整合研究 [D]. 曲阜：曲阜师范大学，2008.

[15] 刘晓秋. 论音乐心理学在儿童音乐教育中的运用 [J]. 北方音乐，2020：102-104.

[16] 罗娜. 多元智能理论在学前儿童音乐教学中的运用研究 [D]. 长沙：湖南师范大学，2012.

[17] 吕一中. 新时代背景下学前教育发展研究 [M]. 北京：北京理工大学出版社，

2019.

[18] 潘健，张孜，岳彩晨. 学前儿童音乐教育 [M]. 西安：西北工业大学出版社，2015.

[19] 任可欣. 奥尔夫教学法在学前音乐教育中的有效运用 [J]. 职业技术，2020：105-108.

[20] 史楠. 教育戏剧在高师课堂教学中的应用研究 [D]. 西安：陕西师范大学，2018.

[21] 舒娜. 滨州市学前音乐教育现状调查及对策研究 [D]. 保定：河北大学，2013.

[22] 苏卫涛. 高职学前教育专业学生职业核心能力培养研究 [M]. 长春：东北师范大学出版社，2017.

[23] 索丽珍，林晖，高妍苑. 学前儿童艺术教育 [M]. 重庆：重庆大学出版社，2020.

[24] 唐国策. 论高等幼师学校音乐课程与幼儿音乐教育的衔接 [J]. 音乐天地，2020：4-8.

[25] 王俊. 领会童真、感悟童趣，音乐教学要传递快乐 [J]. 四川教育，2020：50-50.

[26] 王秀萍. 学前儿童经验音乐教育 [M]. 合肥：安徽文艺出版社，2009.

[27] 王秀萍. 学前儿童音乐教育 [M]. 北京：中央广播电视大学出版社，2014.

[28] 夏志刚. 新课程标准"十三五"规划教材声乐基础全国学前教育专业 [M]. 上海：复旦大学出版社，2017.

[29] 项梅. 幼儿音乐教学中有效运用音乐游戏的思考 [J]. 北方音乐，2020：209-209.

[30] 许卓娅，吴魏莹. 学前儿童音乐教育与活动指导 [M]. 长沙：湖南大学出版社，2015.

[31] 许卓娅. 学前儿童音乐教育 [M]. 北京：人民教育出版社，2010.

[32] 张洋. 现代教育哲学理念在"乐学儿童音乐教育"中的体现 [D]. 西安：西安音乐学院，2016.

[33] 赵媛. 学前儿童音乐感觉统合训练的实践研究 [D]. 天津：天津音乐学院，2013.

[34] 赵中玉. 学前儿童音乐教育 [M]. 北京：中央广播电视大学出版社，2014.

[35] 郑玉香. 音乐教育对学前儿童发展的价值 [D]. 保定：河北大学，2004.

[36] 仲伟. 浅析幼儿音乐教育 [J]. 环球慈善，2020：0285-0285.

[37] 资利萍，康涛. 学前儿童音乐教育同步练习册 [M]. 沈阳：辽宁大学出版社，2003.

后　记

　　高职学前教育专业音乐教学需要不断提高音乐教学的模式及方法。音乐教学必须注重方法灵活实用，内容丰富多彩，增强幼儿学习的兴趣，如此才能真正提高幼儿的音乐综合素养，为未来从事学前教育工作打好基石。因此，必须加强学前儿童音乐教育课程的实践研究，加快高职院校在学前音乐教学方面的改革步伐，为进一步培养高素质的幼教人才贡献力量。